suhrkamp taschenbuch 1832

Octavio Paz wurde am 31. 3. 1914 in Mixcoac/Mexiko-Stadt geboren. 1931 erste Veröffentlichungen in verschiedenen literarischen Zeitschriften. Von 1945-1968 gehörte er dem diplomatischen Dienst seines Landes an. 1984 wurde ihm der Friedenspreis des Deutschen Buchhandels verliehen, 1990 wurde sein Werk mit dem Nobelpreis für Literatur ausgezeichnet.

»Octavio Paz, eine der größten Gestalten in der zeitgenössischen Dichtung.«
Le Monde

Octavio Paz ist als Lyriker wie als Essayist der Autor, dessen Schaffen heute die stärkste Wirkung auf die Poesie und das poetologische Denken Lateinamerikas hat. Die vorliegende zweisprachige Ausgabe seiner Gedichte bietet eine exemplarische Auswahl durch ein in Jahrzehnten gewachsenes lyrisches Œuvre.

»In der Mitte dieses Werkes ragt der ›Sonnenstein‹ auf – für mich das bewunderungswürdigste Liebesgedicht, das je in Lateinamerika geschrieben wurde, eine Antwort im erotischen Bereich auf den Durst nach totaler Begegnung des Menschen mit seiner eigenen Transzendenz.«
Julio Cortázar

Octavio Paz
Gedichte

Spanisch und deutsch

Übertragung
von Fritz Vogelgsang

Suhrkamp

Die Gedichte dieses Bandes
wurden folgenden Werken entnommen:
*Libertad bajo palabra, 1960; Salamandra, 1962;
Ladera Este, 1969; Vuelta, 1976.*

4. Auflage 2016

Erste Auflage 1990
suhrkamp taschenbuch 1832
© der Originaltexte Octavio Paz
© der deutschen Fassung Suhrkamp Verlag
Frankfurt am Main 1977
Suhrkamp Taschenbuch Verlag
Alle Rechte vorbehalten, insbesondere das der Übersetzung,
des öffentlichen Vortrags sowie der Übertragung
durch Rundfunk und Fernsehen, auch einzelner Teile.
Kein Teil des Werkes darf in irgendeiner Form
(durch Fotografie, Mikrofilm oder andere Verfahren)
ohne schriftliche Genehmigung des Verlages
reproduziert oder unter Verwendung elektronischer Systeme
verarbeitet, vervielfältigt oder verbreitet werden.
Printed in Germany
Umschlag: hißmann, heilmann, hamburg
ISBN 978-3-518-38332-2

Octavio Paz
Gedichte

Allá, donde terminan las fronteras, los caminos se borran. Donde empieza el silencio. Avanzo lentamente y pueblo la noche de estrellas, de palabras, de la respiración de un agua remota que me espera donde comienza el alba.

Invento la víspera, la noche, el día siguiente que se levanta en su lecho de piedra y recorre con ojos límpidos un mundo penosamente soñado. Sostengo al árbol, a la nube, a la roca, al mar, presentimiento de dicha, invenciones que desfallecen y vacilan frente a la luz que disgrega.

Y luego la sierra árida, el caserío de adobe, la minuciosa realidad de un charco y un pirú estólido, de unos niños idiotas que me apedrean, de un pueblo rencoroso que me señala. Invento el terror, la esperanza, el mediodía – padre de los delirios solares, de las falacias espejeantes, de las mujeres que castran a sus amantes de una hora.

Invento la quemadura y el aullido, la masturbación en las letrinas, las visiones en el muladar, la prisión, el piojo y el chancro, la pelea por la sopa, la delación, los animales viscosos, los contactos innobles, los interrogatorios nocturnos, el examen de conciencia, el juez, la víctima, el testigo. Tú eres esos tres. ¿A quién apelar ahora y con qué argucias destruir al que te acusa? Inútiles los memoriales, los ayes y los alegatos. Inútil tocar a puertas condenadas. No hay puertas, hay espejos. Inútil cerrar los ojos o volver entre los hombres: esta lucidez ya no me abandona. Romperé los espejos, haré trizas mi imagen – que cada mañana rehace piadosamente mi cómplice, mit delator. La soledad de la conciencia y la conciencia de la soledad, el día a pan y agua, la noche sin agua. Sequía, campo arrasado por un sol sin

Dort, wo die Grenzen enden, die Wege sich verwischen. Wo das Schweigen anfängt. Dort dringe ich langsam vor und bevölkere die Nacht mit Sternen, mit Worten, mit dem Atem eines fernen Wassers, das mich erwartet, wo die Frühe beginnt.

Ich erfinde den Vorabend, die Nacht, den folgenden Tag, der sich erhebt aus seinem Steinbett und mit leuchtenden Augen eine mühsam erträumte Welt durchläuft. Ich halte den Baum am Leben, die Wolke, den Fels, das Meer, eine Ahnung von Glück, Erfindungen, die ohnmächtig werden und wanken vor dem sprengenden Licht.

Und dann das rauhe Bergland, das Gehöft, aus Lehmsteinen erbaut, die kleine, genaue Wirklichkeit einer Pfütze und eines einfältigen Pirubaumes, einer Schar idiotischer Kinder, die mich mit Steinen bewirft, eines rachsüchtigen Volkes, das mich brandmarkt. Ich erfinde den Schrecken, die Hoffnung, den Mittag – Vater der Sonnendelirien, der Trugspiegelungen, der Frauen, die ihre Stundenliebhaber kastrieren.

Ich erfinde die Brandwunde und das Geheul, die Selbstbefriedigung in den Latrinen, die Visionen auf dem Misthaufen, die Gefangenschaft, die Laus und den Schanker, den Streit um die Suppe, die Denunziation, die schleimigen Tiere, die unfeinen Beziehungen, die nächtlichen Verhöre, die Gewissensprüfung, den Richter, das Opfer, den Zeugen. Du bist diese drei. An wen jetzt appellieren, und mit welchen Finten denjenigen vernichten, der dich anklagt? Nutzlos die Eingaben, die Wehklagen und Schriftsätze der Verteidigung. Nutzlos, gegen vermauerte Türen zu schlagen. Da sind keine Türen, sondern Spiegel. Nutzlos, die párpados, ojo atroz, oh conciencia, presente puro donde pasado y porvenir arden sin fulgor ni esperanza. Todo desemboca en esta eternidad que no desemboca.

Allá, donde los caminos se borran, donde acaba el silencio, invento la desesperación, la mente que me concibe, la mano que me dibuja, el ojo que me descubre. Invento al amigo que me inventa, mi semejante; y a la mujer, mi contrario: torre que corono de banderas, muralla que escalan mis espumas, ciudad devastada que renace lentamente bajo la dominación de mis ojos.

Contra el silencio y el bullicio invento la Palabra, libertad que se inventa y me inventa cada día.

Augen zu schließen oder zurückzugehn unter die Menschen: diese Helle verläßt mich nicht mehr. Ich werde die Spiegel zerschmettern, mein Bildnis zerstückeln – das jeden Morgen mein Komplize, mein Denunziant liebevoll wieder herstellt. Die Einsamkeit des Bewußtseins und das Bewußtsein der Einsamkeit, der Tag bei Wasser und Brot, die Nacht ohne Wasser. Dürre, Landstrich, verheert von einer lidlosen Sonne, einem grausamen Auge, o Bewußtheit, reine Gegenwart, wo Vergangenheit und Zukunft brennen ohne Glanz oder Hoffnung. Alles mündet in diese Ewigkeit, die niemals mündet.

Dort, wo die Wege sich verwischen, wo das Schweigen endet, erfinde ich die Verzweiflung, den Verstand, der mich entwirft, die Hand, die mich zeichnet, das Auge, das mich entdeckt. Ich erfinde den Freund, der mich erfindet, meinen Nächsten; und die Frau, meinen Gegner: Turm, dem ich Fahnen aufpflanze, Mauerring, den meine schäumenden Wogen erstürmen, verwüstete Stadt, die langsam wieder erblüht unter der Herrschaft meiner Augen.

Gegen das Schweigen und das Getöse erfinde ich das WORT, Freiheit, die sich erfindet und mich erfindet Tag für Tag.

DOS CUERPOS

Dos cuerpos frente a frente
son a veces dos olas
y la noche es océano.

Dos cuerpos frente a frente
son a veces dos piedras
y la noche desierto.

Dos cuerpos frente a frente
son a veces raíces
en la noche enlazadas.

Dos cuerpos frente a frente
son a veces navajas
y la noche relámpago.

Dos cuerpos frente a frente
son dos astros que caen
en un cielo vacío.

ZWEI KÖRPER

Zwei Körper Aug' in Auge
sind manchmal zwei Wellen,
und die Nacht ist ein Ozean.

Zwei Körper Aug' in Auge
sind manchmal zwei Steine,
und die Nacht eine Wüste.

Zwei Körper Aug' in Auge
sind manchmal Wurzeln,
in der Nacht verflochten.

Zwei Körper Aug' in Auge
sind manchmal Messer,
und die Nacht ein Blitzstrahl.

Zwei Körper Aug' in Auge
sind zwei Sterne, die fallen
in einen leeren Himmel.

Vida entrevista

Relámpagos o peces
en la noche del mar
y pájaros, relámpagos
en la noche del bosque.

Los huesos son relámpagos
en la noche del cuerpo.
Oh mundo, todo es noche
y la vida es relámpago.

GEAHNTES LEBEN

Blitze oder Fische
in der Nacht des Meeres,
und Vögel, Blitze
in der Nacht des Waldes.

Die Knochen sind Blitze
in der Nacht des Körpers.
O Welt, alles ist Nacht
und das Leben ein Blitz.

NUBES

¡Mira las islas blancas en el cielo!
¡Mira las blancas plumas de sus pájaros
volar entre el follaje de sus témpanos,
míralas navegar y deshacerse,
vano archipiélago fantasma!

Islas del cielo, soplo en un soplo suspendido,
¡con pie ligero, semejante al aire,
pisar sus playas sin dejar más huella
que la sombra del viento sobre el agua!

¡Y como el aire mismo entre las hojas
perderse en el follaje de la bruma
y como el aire ser labios sin cuerpo,
cuerpo sin peso, fuerza sin orillas!

WOLKEN

Schau die weißen Inseln am Himmel!
Schau die weißen Federn ihrer Vögel,
wie sie durchs Gezweig der Eiszapfen fliegen,
schau, wie sie segeln und vergehn,
ein gespenstisch flüchtiger Archipel.

Inseln des Himmels, ein Hauch nur, schwebend
  in einem Hauch
– mit leichtem Fuß, leicht wie die Luft
dort die Ufer betreten, nur eine Fährte lassen
wie der Schatten des Windes über dem Wasser!

Und wie die Luft selber zwischen den Blättern
sich verlieren im Laubwerk aus Dunst
und wie die Luft nur Lippen sein ohne Leib,
Leib ohne Gewicht, Kraft ohne Ufer!

Epitafio para un poeta

Quiso cantar, cantar
para olvidar
su vida verdadera de mentiras
y recordar
su mentirosa vida de verdades.

GRABSCHRIFT FÜR EINEN DICHTER

Er wollte singen, singen,
um zu vergessen
sein wahres Leben aus Lügen
und sich zu erinnern
an sein erlogenes Leben voll Wahrheit.

Agua nocturna

La noche de ojos de caballo que tiemblan en la noche,
la noche de ojos de agua en el campo dormido,
está en tus ojos de caballo que tiembla,
está en tus ojos de agua secreta.

Ojos de agua de sombra,
ojos de agua de pozo,
ojos de agua de sueño.

El silencio y la soledad,
como dos pequeños animales a quienes guía la luna,
beben en esos ojos,
beben en esas aguas.

Si abres los ojos,
se abre la noche de puertas de musgo,
se abre el reino secreto del agua
que mana del centro de la noche.

Y si los cierras,
un río, una corriente dulce y silenciosa,
te inunda por dentro, avanza, te hace oscura:
la noche moja riberas en tu alma.

NÄCHTLICHES WASSER

Die Nacht der Pferdeaugen, die zittern in der Nacht,
die Nacht der Wasseraugen im schlafenden Land
ist in deinen Augen eines Pferdes, das zittert,
ist in deinen Augen eines geheimen Wassers.

Augen von Schattenwasser,
Augen von Brunnenwasser,
Augen von Traumwasser.

Das Schweigen und die Einsamkeit,
wie zwei kleine Tiere, geleitet vom Mond,
trinken an diesen Augen,
trinken an diesen Wassern.

Öffnest du die Augen,
öffnet sich die Nacht der Türen aus Moos,
öffnet sich das geheime Reich des Wassers,
das aus der Mitte der Nacht quillt.

Und wenn du sie schließt,
überflutet dich innen ein Fluß,
eine sanfte verschwiegene Strömung dringt an und
   macht dich dunkel:
die Nacht netzt Ufer in deiner Seele.

VISITAS

A través de la noche urbana de piedra y sequía
entra el campo a mi cuarto.
Alarga brazos verdes con pulseras de pájaros,
con pulseras de hojas.
Lleva un río de la mano.
El cielo del campo también entra,
Con su cesta de joyas acabadas de cortar.
Y el mar se sienta junto a mí,
extendiendo su cola blanquísima en el suelo.
Del silencio brota un árbol de música.
Del árbol cuelgan todas las palabras hermosas,
que brillan, maduran, caen.
En mi frente, cueva que habita un relámpago...
Pero todo se ha poblado de alas.
Dime, ¿es de veras el campo que viene de tan lejos
o eres tú, son los sueños que sueñas a mi lado?

BESUCHE

Quer durch die städtische Nacht aus Stein und Dürre
kommt das Land in mein Zimmer herein.
Grüne Arme streckt es mir entgegen mit Vogelbändern ums
    Gelenk,
mit Blätterspangen.
Es führt einen Fluß an der Hand.
Auch der Himmel vom Lande kommt herein
mit seinem Korb voll frisch gebrochener Juwelen.
Und das Meer setzt sich neben mich,
breitet seinen schneeweißen Schweif auf dem Boden aus.
Im Schweigen keimt ein Baum aus Musik.
An dem Baum hängen alle schönen Wörter,
die glänzen, reifen, fallen.
In meiner Stirn eine Höhle, wo ein Blitzstrahl haust . .
Aber alles hat sich bevölkert mit Flügeln.
Sag mir, ist's wirklich das Land, das so weit aus der Ferne
    kommt,
Oder bist du's, sind es die Träume, die du träumst an meiner
    Seite?

MÁS ALLÁ DEL AMOR

Todo nos amenaza:
el tiempo, que en vivientes fragmentos divide
al que fui
        del que seré,
como el machete a la culebra;
la conciencia, la transparencia traspasada,
la mirada ciega de mirarse mirar;
las palabras, guantes grises, polvo mental sobre la yerba, el
    agua, la piel;
nuestros nombres, que entre tú y yo se levantan,
murallas de vacío que ninguna trompeta derrumba.

Ni el sueño y su pueblo de imágenes rotas,
ni el delirio y su espuma profética,
ni el amor con sus dientes y uñas nos bastan.
Más allá de nosotros,
en las fronteras del ser y el estar,
una vida más vida nos reclama.

Afuera la noche respira, se extiende,
llena de grandes hojas calientes,
de espejos que combaten:
frutos, garras, ojos, follajes,
espaldas que relucen,
cuerpos que se abren paso entre otros cuerpos.

Tiéndete aquí a la orilla de tanta espuma,
de tanta vida que se ignora y entrega:

Jenseits der Liebe

Alles bedroht uns:
die Zeit, die mich in lebendige Teile zertrennt
– den, der ich war,
                 den, der ich künftig bin –,
wie die Machete die Schlange zerhackt;
das Bewußtsein, durchsichtig, kreuz und quer durchwatet,
der Blick, erblindet vom Blicken in das eigne Blicken;
die Worte, graue Handschuhe, Hirnstaub auf dem Gras,
   dem Wasser, auf der Haut;
unsere Namen, die sich erheben zwischen Du und Ich,
Mauern aus Leere, die keine Posaune je zum Einsturz
   bringt.

Weder der Traum mit seiner Ortschaft zerscherbter Bilder
noch das Fieber mit seinem prophetischen Schaum,
noch die Liebe mit ihren Zähnen und Nägeln genügt uns.
Jenseits von uns,
an den Grenzen von Sein und Dasein,
fordert ein Leben uns, das mehr als Leben ist.

Draußen atmet die Nacht, dehnt sich,
voll großer heißer Blätter,
voller Spiegel, die sich bekriegen:
Früchte, Krallen, Augen, Laubwerk,
Schultern, die schimmern,
Leiber, die sich Bahn brechen zwischen anderen Leibern.

Streck dich aus, hier am Ufer so vielen Schaums,
so vielen Lebens, das sich nicht kennt und sich hingibt:

tú también perteneces a la noche.
Extiéndete, blancura que respira,
late, oh estrella repartida,
copa,
pan que inclinas la balanza del lado de la aurora,
pausa de sangre entre este tiempo y otro sin medida.

auch du gehörst der Nacht.
Breite dich aus, atmendes Weiß,
pulse, o ausgeteilter Stern,
Kelch,
Brot, das die Waage sich neigen läßt nach der Seite der Morgenröte,
Pause aus Blut zwischen dieser Zeit und einer andern, ohne Maß.

El día abre la mano
Tres nubes
Y estas pocas palabras

Der Tag tut seine Hand auf
Drei Wolken
Und diese wenigen Wörter

Al alba busca su nombre lo naciente
Sobre los troncos soñolientos centellea la luz
Galopan las montañas a la orilla del mar
El sol entra en las aguas con espuelas
La piedra embiste y rompe claridades
El mar se obstina y crece al pie del horizonte
Tierra confusa inminencia de escultura
El mundo alza la frente aún desnuda
Piedra pulida y lisa para grabar un canto
La luz despliega su abanico de nombres
Hay un comienzo de himno como un árbol
Hay el viento y nombres hermosos en el viento

In der Frühe sucht das Kommende seinen Namen
Über den schläfrigen Stämmen funkelt das Licht
Berge galoppieren an die Ufer des Meeres
Die Sonne dringt sporenblitzend in die Fluten
Der Stein stürmt an und zerschmettert Strahlen
Es trotzt das Meer und schwillt am Fuß des Horizonts
Verworrene Erde Einbruch von Skulptur
Die Welt erhebt ihre noch nackte Stirn
Ein Stein geschliffen und glatt um ein Lied drin einzugraben
Das Licht entfaltet seinen Fächer von Namen
Und ein Hymnus beginnt wie ein Baum
Und Wind ist da und schöne Namen im Wind

FÁBULA

Edades de fuego y de aire
Mocedades de agua
Del verde al amarillo
                      Del amarillo al rojo
Del sueño a la vigilia
                      Del deseo al acto
Sólo había un paso que tú dabas sin esfuerzo
Los insectos eran joyas animadas
El calor reposaba al borde del estanque
La lluvia era un sauce de pelo suelto
En la palma de tu mano crecía un árbol
Aquel árbol cantaba reía y profetizaba
Sus vaticinios cubrían de alas el espacio
Había milagros sencillos llamados pájaros
Todo era de todos
                      Todos eran todo
Sólo había una palabra inmensa y sin revés
Palabra como un sol
Un día se rompió en fragmentos diminutos
Son las palabras del lenguaje que hablamos
Fragmentos que nunca se unirán
Espejos rotos donde el mundo se mira destrozado

FABEL

Feuerzeit und Luftzeit
Wasserjugend
Vom Grün zum Gelb
      Vom Gelb zum Rot
Vom Traum zur Nachtwache
        Vom Verlangen zur Tat
War nur ein Schritt den du mühelos machtest
Die Insekten waren belebte Juwelen
Die Hitze ruhte am Teichrand aus
Der Regen war eine Weide mit gelöstem Haar
In deiner Handmuschel wuchs ein Baum
Und der Baum sang lachte und kündete Kommendes
Seine Weissagungen deckten mit Flügeln den Himmelsraum
Schlichte Wunder gab es Vögel genannt
Alles gehörte allen
    Alle waren alles
Es gab nur ein einziges Wort unermeßlich und ohne
 Verkehrung
Ein Wort wie eine Sonne
Eines Tages zerbrach es in winzige Splitter
Sie sind die Wörter der Sprache die wir reden
Splitter die nie sich zusammenfügen
Zerbrochene Spiegel in denen die Welt zerstückt sich
 erblickt

Una mujer de movimientos de río
Da transparentes ademanes de agua
Una muchacha de agua
Donde leer lo que pasa y no regresa
Un poco de agua donde los ojos beban
Donde los labios de un solo sorbo beban
El árbol la nube el relámpago
Yo mismo y la muchacha

Eine Frau mit den Regungen eines Flusses
Mit durchsichtigen Wassergebärden
Ein Mädchen aus Wasser
Darin zu lesen was vorübergeht und nicht wiederkommt,
Ein wenig Wasser wo die Augen trinken
Wo die Lippen trinken mögen in einem Zuge
Den Baum die Wolke den Blitz
Mich selbst und das Mädchen

CERRO DE LA ESTRELLA

Aquí los antiguos recibían al fuego
Aquí el fuego creaba al mundo
Al mediodía las piedras se abren como frutos
El agua abre los párpados
La luz resbala por la piel del día
Gota inmensa donde el tiempo se refleja y se sacia

CERRO DE LA ESTRELLA

Hier empfingen die Alten das Feuer
Hier schuf das Feuer die Welt
Am Mittag klaffen die Steine wie Früchte auf
Das Wasser öffnet die Lider
Das Licht rinnt über die Haut des Tages
Unermeßlicher Tropfen darin die Zeit sich spiegelt
  und ihren Durst stillt

A la española el día entra pisando fuerte
Un rumor de hojas y pájaros avanza
Un presentimiento de mar o mujeres
El día zumba en mi frente como una idea fija
En la frente del mundo zumba tenaz el día
La luz corre por todas partes
Canta por las terrazas
Hace bailar las casas
Bajo las manos frescas de la yedra ligera
El muro se despierta y levanta sus torres
Y las piedras dejan caer sus vestiduras
Y el agua se desnuda y salta de su lecho
Más desnuda que el agua
Y la luz se desnuda y se mira en el agua
Más desnuda que un astro
Y el pan se abre y el vino se derrama
Y el día se derrama sobre el agua tendida
Ver oír tocar oler gustar pensar
Labios o tierra o viento entre veleros
Sabor del día que se desliza como música
Rumor de luz que lleva de la mano a una muchacha
Y la deja desnuda en el centro del día
Nadie sabe su nombre ni a qué vino
Como un poco de agua se tiende a mi costado
El sol se pára un instante por mirarla
La luz se pierde entre sus piernas
La rodean mis miradas como agua
Y ella se baña en ellas más desnuda que el agua
Como la luz no tiene nombre propio
Como la luz cambia de forma con el día

Auf spanische Art mit kräftigen Schritten tritt der Tag
   herein
Ein Rauschen von Blättern und Vögeln rückt an
Ein Vorgefühl von Meer oder Frauen
Der Tag summt auf meiner Stirn wie eine fixe Idee
Auf der Stirn der Welt summt eigensinnig der Tag
Das Licht läuft überall hin
Es singt auf den Terrassen
Es läßt die Häuser tanzen
Unter den kühlen Händen des lockeren Efeus
Erwacht die Mauer und reckt ihre Türme
Und die Steine lassen ihre Gewänder fallen
Und das Wasser entblößt sich und springt aus seinem Bett
Nackter als das Wasser
Und das Licht entblößt sich und beschaut sich im Wasser
Nackter als ein Stern
Und das Brot bricht auf und der Wein ergießt sich
Und der Tag ergießt sich über die Wasserfläche
Sehen hören berühren riechen schmecken denken
Lippen oder Erde oder Wind zwischen Seglern
Geschmack des Tages hingleitend wie Musik
Rauschen des Lichts das ein Mädchen an der Hand führt
Und es nackt läßt in der Mitte des Tages
Niemand weiß ihren Namen noch wozu sie kam
Wie ein wenig Wasser lagert sie sich an meiner Seite
Die Sonne bleibt einen Augenblick stehen um sie zu
   betrachten
Das Licht verliert sich zwischen ihren Beinen
Meine Blicke umspülen sie wie Wasser
Und sie badet in ihnen nackter als das Wasser
Wie das Licht hat sie keinen eigenen Namen
Wie das Licht wechselt sie ihre Gestalt mit dem Tag

PIEDRA NATIVA

La luz devasta las alturas
Manadas de imperios en derrota
El ojo retrocede cercado de reflejos

Países vastos como el insomnio
Pedregales de hueso

Otoño sin confines
Alza la sed sus invisibles surtidores
Un último pirú predica en el desierto

Cierra los ojos y oye cantar la luz:
El mediodía anida en tu tímpano

Cierra los ojos y ábrelos:
No hay nadie ni siquiera tú mismo
Lo que no es piedra es luz

Einheimischer Stein

Das Licht verwüstet die Höhen
Scharen geschlagener Reiche auf der Flucht
Das Auge weicht zurück umzingelt von Widerstrahlen

Länder weit wie die Schlaflosigkeit
Geröllfeld aus Bein

Herbst ohne Grenzen
Der Durst jagt seine unsichtbaren Fontänen empor
Ein letzter Pirubaum predigt in der Wüste

Schließ die Augen und hör das Singen des Lichts:
Der Mittag nistet auf deinem Trommelfell

Schließ die Augen und öffne sie:
Niemand ist da nicht einmal du selbst
Was nicht Stein ist das ist Licht

REFRANES

Una espiga es todo el trigo
Una pluma es un pájaro vivo y cantando
Un hombre de carne es un hombre de sueño
La verdad no se parte
El trueno proclama los hechos del relámpago
Una mujer soñada encarna siempre en una forma amada
El árbol dormido pronuncia verdes oráculos
El agua habla sin cesar y nunca se repite
En la balanza de unos párpados el sueño no pesa
En la balanza de una lengua que delira
Una lengua de mujer que dice sí a la vida
El ave del paraíso abre las alas

SPRICHWÖRTER

Eine Ähre ist das ganze Getreide
Eine Feder ist ein lebendiger singender Vogel
Ein Mensch aus Fleisch und Blut ist ein Mensch aus Traum
Die Wahrheit ist unteilbar
Der Donner verlautbart die Taten des Blitzes
Eine erträumte Frau wird immer leibhaftig in einer geliebten
 Gestalt
Der schlafende Baum verkündet grüne Orakel
Das Wasser spricht unaufhörlich und wiederholt sich
 niemals
Auf der Waage der Lider hat der Schlaf kein Gewicht
Auf der Waage einer Zunge die fiebert
Einer Frauenzunge die ja zum Leben sagt
Entfaltet der Paradiesvogel seine Flügel

PIEDRAS SUELTAS

Lección de cosas

MÁSCARA DE TLÁLOC GRABADA EN CUARZO TRANSPARENTE

Aguas petrificadas.
El viejo Tláloc duerme, dentro,
soñando temporales.

LO MISMO

Tocado por la luz
el cuarzo ya es cascada.
Sobre sus aguas flota, niño, el dios.

DIOSA OLMECA

Los cuatro puntos cardinales
regresan a tu ombligo.
En tu vientre golpea el día, armado.

NIÑO Y TROMPO

Cada vez que lo lanza
cae, justo,
en el centro del mundo.

EINZELNE STEINE

Lektion der Dinge

TLÁLOC-MASKE, AUS DURCHSICHTIGEM QUARZ GESCHLIFFEN

Versteinerte Wasser.
Der alte Tláloc schläft darin
und träumt Gewitterstürme.

DASSELBE

Vom Licht berührt,
wird der Quarz zum Wasserfall.
Auf seinen Fluten treibt, ein Kind, der Gott.

OLMEKISCHE GÖTTIN

Die vier Himmelsrichtungen
kehren heim zu deinem Nabel.
In deinem Leibe pocht der Tag, gewappnet.

KIND UND KREISEL

Jedesmal, wenn es ihn schleudert,
fällt er genau
auf den Mittelpunkt der Welt.

En Uxmal

MEDIODÍA

La luz no parpadea,
el tiempo se vacía de minutos,
se ha detenido un pájaro en el aire.

MÁS TARDE

Se despeña la luz,
despiertan las columnas
y, sin moverse, bailan.

PLENO SOL

La hora es transparente:
vemos, si es invisible el pájaro,
el color de su canto.

RELIEVES

La lluvia, pie danzante y largo pelo,
el tobillo mordido por el rayo,
desciende acompañada de tambores:
abre los ojos el maíz, y crece.

IN UXMAL

MITTAG

Das Licht blinzelt nicht,
die Zeit entledigt sich der Minuten,
ein Vogel ist stehengeblieben in der Luft.

SPÄTER

Das Licht stürzt sich herab,
es erwachen die Säulen
und tanzen, reglos.

MITTEN IN DER SONNE

Klar wie Glas ist die Stunde:
bleibt der Vogel unsichtbar,
sehen wir die Farbe seines Gesangs.

RELIEFS

Der Regen, tanzender Fuß und langes Haar,
den Knöchel vom Blitz zerbissen,
kommt herab im Trommelgeleit:
da öffnet die Augen der Mais und wächst.

FLOR

El grito, el pico, el diente, los aullidos,
la nada carnicera y su barullo,
ante esta simple flor se desvanecen.

DAMA

Todas las noches baja al pozo
y a la mañana reaparece
con un nuevo reptil entre los brazos.

CAMPANAS EN LA NOCHE

Olas de sombra, olas de ceguera
sobre un frente en llamas:
mojad mi pensamiento, ¡y apagadlo!

ANTE LA PUERTA

Gentes, palabras, gentes.
Dudé un instante:
la luna arriba, sola.

PAISAJE

Los insectos atareados,
los caballos color de sol,

BLUME

Der Schrei, der Schnabel, der Zahn, das Geheul,
das fleischfressende Nichts und sein Lärmgewimmel
– sie schwinden vor dieser schlichten Blüte.

DAME

Jede Nacht steigt sie hinab in den Brunnen
und taucht am Morgen auf
mit einem neuen Reptil in den Armen.

GLOCKEN IN DER NACHT

Wogen aus Schatten, Wogen aus Blindheit
über einer Stirn in Flammen:
Spült kühl über mein Denken und löscht es aus!

VOR DER TÜR

Leute, Worte, Leute.
Einen Augenblick zweifelte ich:
Der Mond dort oben – allein.

LANDSCHAFT

Die emsigen Insekten,
die sonnenfarbenen Pferde,

los burros color de nube,
las nubes, rocas enormes que no pesan,
los montes como cielos desplomados,
la manada de árboles bebiendo en el arroyo,
todos están ahí, dichosos en su estar,
frente a nosotros que no estamos,
comidos por la rabia, por el odio,
por el amor comidos, por la muerte.

die wolkenfarbenen Esel,
die Wolken, gewaltige Felsen ohne Gewicht,
die Berge wie abgesackte Himmel,
die Herde der Bäume, am Bache trinkend,
alle sind da, beglückt in ihrem Dasein,
uns gegenüber, die wir nicht da sind,
gefressen von der Wut, vom Haß,
von der Liebe gefressen, vom Tod.

ADIÓS A LA CASA

Es en la madrugada.
Quiero decir adiós a este pequeño mundo,
único mundo verdadero.

Adiós a este penoso abrir los ojos
del día que se levanta:
embozado en su capa el sueño huye
del lugar de su crimen
y el alma es una plaza abandonada.

Adiós a la silla,
donde colgué mi traje cada noche,
ahorcado cotidiano;
y al sillón, roca en mi insomnio,
peña que no abrió el rayo
ni la sed agrietó.

Adiós al espejo verídico,
donde dejé mi máscara
por descender al fondo del sinfín
(y nunca descendía:
¿no tienes fondo, sólo superficie?).

Adiós al poco cielo de la ventana,
donde a veces las rosas asomaban
y ángeles extraviados una mañana penetraron.

Abschied von Zuhause

Es ist früh am Morgen.
Lebwohl will ich sagen dieser kleinen Welt,
der einzigen wahren Welt.

Ein Lebwohl dem mühsamen Augenöffnen
des Tages, der sich erhebt:
vermummt in seinen Umhang, flieht der Traum
vom Tatort seines Verbrechens,
und die Seele ist ein leerer, verlassener Platz.

Ein Lebwohl dem Stuhl,
über den ich jeden Abend meinen Anzug hängte,
den täglich erhenkten;
und dem Sessel, Klippe in meiner Schlaflosigkeit,
Felsblock, den der Blitz nicht spaltete
und der Durst nicht rissig machte.

Ein Lebwohl dem aufrichtigen Spiegel,
in dem ich meine Maske hinterließ,
um hinabzusteigen auf den Grund des Grenzenlosen
(und niemals stieg ich hinab:
Hast du keinen Grund, nur Oberfläche?).

Ein Lebwohl dem bißchen Himmel des Fensters,
wo manchmal die Rosen auftauchten
und verirrte Engel eindrangen eines Morgens.

Adiós al alba, deshielo silencioso de la noche,
y a la niebla que sube a ciegas la colina,
manso rebaño que se desvanece.

Al vestido de copos, al ciruelo,
decirle adiós, y a ese pájaro
que es un poco de brisa en una rama.

Con palabras pequeñas y puras
decirle adiós al río:
"tus aguas siempre fueron para mí las mismas aguas".

Quisiera decirte adiós, besar tu falda,
niña, mujer, fantasma de la orilla,
decirte siempre adiós
como el río se lo dice a la ribera,
en una interminable despedida.

Madre, quisiera decirte adiós
y que soplaran en mi espíritu tus labios:
"esos delirios eran mariposas".

Quisiera decir adiós a estas presencias,
memorias de mañana,
nombres que tengo aquí encerrados, en el pecho,
mas tengo miedo que despierten y me digan adiós.

Ein Lebwohl der Dämmerhelle, dem lautlosen Schmelzen
  der Nacht,
Und dem Nebel, der blindlings den Hügel erklimmt:
eine sanfte Herde, die entschwindet ins Nichts.

Dem Flockengewand, dem Pflaumenbaum
Lebwohl sagen, und dem Vogel dort,
der ein winziger Windhauch ist auf einem Zweig.

Mit kleinen und reinen Worten
Lebwohl sagen dem Fluß:
»Deine Wasser waren mir immer dieselben Wasser.«

Dir möchte ich gern Lebwohl sagen, deinen Rocksaum
  küssen,
Mädchen, Frau, Traumerscheinung am Rand der Flut,
Lebwohl sagen, immer,
wie es der Fluß dem Ufer sagt,
in unaufhörlichem Abschied.

Mutter, dir würde ich gern Lebwohl sagen,
und ich wollte, deine Lippen hauchten in meinem Geist:
»Diese Fieberängste waren Falter.«

Gern würde ich all den Dingen Lebwohl sagen, die da sind,
Erinnerungen von morgen,
Namen, die ich hier verschlossen habe, in meiner Brust,
doch ich fürchte, sie könnten erwachen und mir
  Lebwohl sagen.

Seven P. M.

En filas ordenadas regresamos
y cada noche, cada noche,
mientras hacemos el camino,
el breve infierno de la espera
y el espectro que vierte en el oído:
"¿No tienes sangre ya? ¿Por qué te mientes?
Mira los pájaros . . .
El mundo tiene playas todavía
y un barco allá te espera, siempre."

Y las piernas caminan
y una roja marea
inunda playas de ceniza.

"Es hermosa la sangre
cuando salta de ciertos cuellos blancos.
Báñate en esa sangre:
el crimen hace dioses."
Y el hombre aprieta el paso
y ve la hora: aún es tiempo
de alcanzar el tranvía.

"Allá, del otro lado,
yacen las islas prometidas. Danzan
los árboles de música vestidos,
se mecen las naranjas en las ramas
y las granadas abren sus entrañas
y se desgranan en la yerba,

Seven P. M.

In Reih und Glied gehen wir heimwärts,
und jeden Abend, jeden Abend,
während wir den Weg hinter uns bringen,
die kurze Hölle der Erwartung
und das Gespenst, das ins Ohr träuft:
»Hast du kein Blut mehr? Was belügst du dich?
Schau die Vögel . . .
Die Welt hat noch Ufer,
und ein Boot erwartet dich drüben, immer.«

Und die Beine gehen, gehen,
und eine rote Brandung
überflutet Ufer aus Asche.

»Schön ist das Blut,
wenn es aus gewissen weißen Hälsen springt.
Bade dich in diesem Blut:
das Verbrechen macht Götter.«

Und der Mensch beschleunigt seinen Schritt
und blickt auf die Uhr: noch reicht die Zeit
bis zur Straßenbahn.

»Dort drüben, auf der anderen Seite,
liegen die verheißenen Inseln. Da tanzen
die Bäume, in Musik gekleidet,
wiegen Orangen sich an den Zweigen,
platzen die Granatäpfel auf,
lassen die Kerne niederrieseln ins Gras,

rojas estrellas en un cielo verde,
para la aurora de amarilla cresta . . ."

Y los labios sonríen y saludan
a otros condenados solitarios:
¿Leyó usted los periódicos?

"¿No dijo que era el Pan y que era el Vino?
¿No dijo que era el Agua?
Cuerpos dorados como el pan dorado
y el vino de labios morados
y el agua, desnudez . . ."

Y el hombre aprieta el paso
y al tiempo justo de llegar a tiempo
doblan la esquina, puntuales, Dios y el tranvía.

rote Sterne in einem grünen Himmel,
für die Morgenröte mit gelbem Hahnenkamm . . .«

Und die Lippen lächeln und grüßen
andere einsam Verdammte:
Haben Sie die Zeitungen gelesen?

»Hat er nicht gesagt, er sei das Brot und der Wein?
Hat er nicht gesagt, er sei das Wasser?
Leiber, so golden wie das goldene Brot,
und der Wein mit veilchenfarbenen Lippen,
und das Wasser, Nacktheit . . .«

Und der Mensch beschleunigt seinen Schritt,
und zur rechten Zeit, um grad noch recht zu kommen,
biegen sie um die Ecke, pünktlich, Gott und die
   Straßenbahn.

ELEGÍA INTERRUMPIDA

Hoy recuerdo a los muertos de mi casa.
Al primer muerto nunca lo olvidamos,
aunque muera de rayo, tan aprisa
que no alcance la cama ni los óleos.
Oigo el bastón que duda en un peldaño,
el cuerpo que se afianza en un suspiro,
la puerta que se abre, el muerto que entra.
De una puerta a morir hay poco espacio
y apenas queda tiempo de sentarse,
alzar la cara, ver la hora
y enterarse: las ocho y cuarto.

Hoy recuerdo a los muertos de mi casa.
La que murió noche tras noche
y era una larga despedida,
un tren que nunca parte, su agonía.
Codicia de la boca
al hilo de un suspiro suspendida,
ojos que no se cierran y hacen señas
y vagan de la lámpara a mis ojos,
fija mirada que se abraza a otra,
ajena, que se asfixia en el abrazo
y al fin se escapa y ve desde la orilla
cómo se hunde y pierde cuerpo el alma
y no encuentra unos ojos a que asirse . . .
¿Y me invitó a morir esa mirada?
Quizá morir con otro no es morirse.
Quizá morimos sólo porque nadie

ABGEBROCHENE ELEGIE

Heut denk ich an die Toten meines Hauses.
Den ersten Toten – nie vergessen wir ihn,
wäre er auch am Blitz gestorben, jählings,
daß es nicht mehr zum Bett, zur Ölung reichte.
Ich hör den Stock noch zögern auf der Stiege,
den Körper, der sich stützt auf einen Seufzer,
höre die Tür, den Toten, der hereinkommt.
Zwischen Türe und Tod ist wenig Abstand,
und kaum bleibt noch die Zeit, sich hinzusetzen,
den Kopf zu heben, nach der Uhr,
und festzustellen: Viertel nach acht.

Heut denk ich an die Toten meines Hauses.
An die, die hinstarb, Nacht für Nacht,
ein langes Abschiednehmen,
ein Zug, der niemals abfuhr, war ihr Endkampf.
Begierde eines Mundes,
am Faden eines Seufzers nur sich haltend,
Augen, die sich nicht schließen, Zeichen geben,
von der Lampe zu meinen Augen schweifen,
ein fester Blick, umarmend einen andren,
fremden, welcher erstickt in der Umarmung
und schließlich flieht und zuschaut dann vom Ufer,
wie sie ertrinkt, die Seele, ohne Leib nun,
und keine Augen findet, die sie hielten . . .
Lud er mich ein, der Blick, mit ihm zu sterben?
Sterben zu zweit, das ist vielleicht kein Sterben.
Vielleicht sterben wir nur, weil niemand da ist,

quiere morirse con nosotros, nadie
quiere mirarnos a los ojos.

Hoy recuerdo a los muertos de mi casa.
Al que se fue por unas horas
y nadie sabe en qué silencio entró.
De sobremesa, cada noche,
la pausa sin color que da al vacío
o la frase sin fin que cuelga a medias
del hilo de la araña del silencio
abren un corredor para el que vuelve:
suenan sus pasos, sube, se detiene . . .
Y alguien entre nosotros se levanta
y cierra bien la puerta.
Pero él, allá del otro lado, insiste.
Acecha en cada hueco, en los repliegues,
vaga entre los bostezos, las afueras.
Aunque cerremos puertas, él insiste.

Hoy recuerdo a los muertos de mi casa.
Rostros perdidos en mi frente, rostros
sin ojos, ojos fijos, vaciados,
¿busco en ellos acaso mi secreto,
el dios de sangre que mi sangre mueve,
el dios de hielo, el dios que me devora?
Su silencio es espejo de mi vida,
en mi vida su muerte se prolonga:
soy el error final de sus errores.

Hoy recuerdo a los muertos de mi casa.
El pensamiento disipado, el acto
disipado, los nombres esparcidos

der mit uns sterben möchte, nur, weil niemand
uns in die Augen blicken möchte.

Heut denk ich an die Toten meines Hauses.
An den, der nur für ein paar Stunden fortging,
von dem man nie erfuhr, wie er verstummte.
Und jeden Abend, nach dem Essen,
in der farblosen Pause, nah der Leere,
bei einem Satz, der unbeendet, pendelnd
am Spinnfaden des Schweigens, lautlos ausschwingt,
öffnet sich leis ein Gang für den, der heimkehrt.
Schritte kommen herauf, sie halten inne . . .
Und einer aus unserem Kreis erhebt sich,
schließt mit Nachdruck die Tür.
Doch er, auf der anderen Seite, harrt noch,
lauert in allen Nischen, in den Falten,
schweift von Gähnen zu Gähnen, lautlos spähend.
Obgleich wir Türen schließen, harrt er draußen.

Heut denk ich an die Toten meines Hauses.
Verlorene Gesichter, mir verloren,
Gesichter ohne Augen, leeren Blickes.
Such ich in ihnen etwa mein Geheimnis,
den Blutgott, der mein eignes Blut vorantreibt,
den Eisgott, jene Gottheit, die mich aufzehrt?
Ihr Schweigen ist der Spiegel meines Lebens,
in meinem Leben setzt sich fort ihr Sterben:
ich bin der letzte Irrtum ihres Irrens.

Heut denk ich an die Toten meines Hauses.
An das Denken, vertan, vergeudet, an das
vertane Tun, an die zerstreuten Namen

(lagunas, zonas nulas, hoyos
que escarba terca la memoria),
la dispersión de los encuentros,
el yo, su guiño abstracto, compartido
siempre por otro (el mismo) yo, las iras,
el deseo y sus máscaras, la víbora
enterrada, las lentas erosiones,
la espera, el miedo, el acto
y su reverso: en mí se obstinan,
piden comer el pan, la fruta, el cuerpo,
beber el agua que les fue negada.
Pero no hay agua ya, todo está seco,
no sabe el pan, la fruta amarga,
amor domesticado, masticado,
en jaulas de barrotes invisibles
mono onanista y perra amaestrada,
lo que devoras te devora,
tu víctima también es tu verdugo.
Montón de días muertos, arrugados
periódicos, y noches descorchadas
y amaneceres, corbata, nudo corredizo:
"saluda al sol, araña, no seas rencorosa . . ."

Es un desierto circular el mundo,
el cielo está cerrado y el infierno vacío.

(Lagunen, Niemandsländer, dunkle Gruben,
in denen das Erinnern störrisch stochert),
an das Zerstieben aller Begegnungen,
das Ich und sein abstraktes Blinzeln, immer
zugeteilt einem anderen (demselben)
Ich, den Zorn und die Sehnsucht, ihre Masken,
die begrabene Viper, die langsamen
Erosionen, die Hoffnung, die Paarung und
ihr Gegenteil: in mir leben sie trotzend
weiter, wollen das Brot, die Frucht, den Körper
essen, das Wasser trinken, das verwehrte.
Doch kein Wasser gibt's mehr, verdorrt ist alles,
das Brot ohne Geschmack, die Früchte bitter,
Liebe domestiziert, zerkaut, zerspeichelt,
in Käfigen mit unsichtbaren Gittern
Affe Onan mit der dressierten Hündin,
was du verschlingst, verschlingt dich selber,
dein Opfer ist zugleich dein Henker.
Ein Haufen toter Tage, zerknitterter
Zeitungen, und entkorkte Nächte
und Morgendämmerungen, Krawatte, Schiebeknoten:
»Grüße die Sonne, Spinne, und spar dir die Rache ...«

Eine kreisrunde Wüste ist die Erde,
verschlossen ist der Himmel, leer die Hölle.

VIRGEN

I
Ella cierra los ojos y en su adentro
está desnuda y niña al pie del árbol.
Reposan a su sombra el tigre, el toro.
Tres corderos de bruma le da al tigre,
tres palomas al toro, sangre y plumas.
Ni plegarias de humo quiere el tigre
ni palomas el toro: a ti te quieren.
Y vuelan las palomas, vuela el toro,
y ella también, desnuda vía láctea,
vuela en un cielo visceral, oscuro.
Un maligno puñal ojos de gato
y amarillentas alas de petate
la sigue entre los aires. Y ella lucha
y vence a la serpiente, vence al águila,
y sobre el cuerno de la luna asciende...

II
Por los espacios gira la doncella.
Nubes errantes, torbellinos, aire.
El cielo es una boca que bosteza,
boca de tiburón en donde ríen,
afilados relámpagos, los astros.
Vestida de azucena ella se acerca
y le arranca los dientes al dormido
y al aire sin edades los arroja:
islas que parpadean cayeron las estrellas,
cayó al mantel la sal desparramada,
lluvia de plumas fue la garza herida,

JUNGFRAU

I

Sie verschließt ihre Augen, und im Innern
ist sie nackt, ein Mädchen, am Fuß des Baumes.
In seinem Schatten ruhn der Stier, der Tiger.
Drei Meerdunstlämmer stiftet sie dem Tiger
und drei Tauben dem Bullen, Blut und Federn.
Doch kein Rauchopferflehen will der Tiger,
keine Tauben der Stier: allein dich selber.
Und die Tauben fliegen, es fliegt der Bulle,
und auch sie selber fliegt, eine Milchstraße,
nackt durch nachtschwarzes Himmelseingeweide.
Ein bösartiger Dolch mit Katzenaugen
und gelblichen Seesackflügeln verfolgt sie
quer durch die Lüfte. Sie aber erwehrt sich
und besiegt die Schlange, besiegt den Adler,
und erklimmt am Ende das Horn des Mondes . . .

II

Durch die himmlischen Räume kreist das Mädchen.
Irrende Wolken, Wirbelwinde, Luftall.
Der Himmel ist ein Mund, ein großes Gähnen,
Haifischrachen, aus dessen Schwärze glitzernd,
spitzzackige Blitze, die Sterne lachen.
In ihrem Lilienkleide kommt sie näher,
entreißt dem Schlafenden all seine Zähne,
schleudert sie in die Luft, die alterslose:
blinkende Inseln, fielen Sterne nieder,
fiel verschüttetes Salz herab aufs Tischtuch,
ein Federnregen war der wunde Reiher,

se quebró la guitarra y el espejo
también, como la luna, cayó en trizas.
Y la estatua cayó. Viriles miembros
se retorcieron en el polvo, vivos.

III
Rocas y mar. El sol envejecido
quema las piedras que la mar amarga.
Cielo de piedra, mar de piedra. Nadie.
Arrodillada cava las arenas,
cava la piedra con las uñas rotas.
¿A qué desenterrar del polvo estatuas?
La boca de los muertos está muerta.
Sobre la alfombra junta las figuras
de su rompecabezas infinito.
Y siempre falta una, sólo una,
y nadie sabe dónde está, secreta.
En la sala platican las visitas.
El viento gime en el jardín en sombras.
Está enterrada al pie del árbol. ¿Quién?
La llave, la palabra, la sortija . . .
Pero es muy tarde ya, todos se han ido,
su madre sola al pie de la escalera
es una llama que se desvanece
y crece la marea de lo oscuro
y borra los peldaños uno a uno
y se aleja el jardín y ella se aleja
en la noche embarcada . . .

es zerbrach die Gitarre, und der Spiegel
zerfiel, wie der glänzende Mond, in Scherben.
Und die Statue fiel. Männliche Glieder
wanden sich wimmelnd durch den Staub, verzuckend.

III
Felsen und Meer. Die Sonne, alterseinsam,
versengt die meergesalznen, bittren Steine.
Steinerner Himmel, Meer aus Steinen. Niemand.
Auf ihren Knien scharrt sie nun im Sande,
zerscharrt den Stein mit den zerbrochnen Nägeln.
Wozu noch Statuen im Staub ergraben?
Der Mund der Toten – er ist tot für immer.
Auf ihrem Teppich fügt sie die Figuren
geduldig rätselnd aneinander, endlos.
Und immer fehlt ihr eine, nur noch eine,
und niemand weiß, wo diese sich verborgen.
Im Zimmer nebenan das Plaudern der Besucher.
Der Wind geht seufzend durch das Gartendunkel.
Begraben liegt's am Fuß des Baumes. Wer nur?
Jener Schlüssel, das Lösewort, das Ringlein . . .
Doch es ist schon spät, alle sind gegangen;
ihre Mutter, allein am Fuß der Treppe,
ist eine Flamme, war es, schon erloschen,
und höher steigt die Flut des Dunkels, höher,
und tilgt die Stufen eine nach der andern,
der Garten schwindet hin, sie selbst entschwindet,
forttreibend fern an Bord der Nacht . . .

IV

Al pie del árbol otra vez. No hay nada:
latas, botellas rotas, un cuchillo,
los restos de un domingo ya oxidado.
Muge el toro sansón, herido y solo
por los sinfines de la noche en ruinas
y por los prados amarillos rondan
el león calvo, el tigre despintado.
Ella se aleja del jardín desierto
y por calles lluviosas llega a casa.
Llama, mas nadie le contesta; avanza
y no hay nadie detrás de cada puerta
y va de nadie a puerta hasta que llega
a la última puerta, la tapiada,
la que el padre cerraba cada noche.
Busca la llave pero se ha perdido,
la golpea, la araña, la golpea,
durante siglos la golpea
y la puerta es más alta a cada siglo
y más cerrada y puerta a cada golpe.
Ella ya no la alcanza y sólo aguarda
sentada en su sillita que alguien abra:
Señor, abre las puertas de tu nube,
abre tus cicatrices mal cerradas,
llueve sobre mis senos arrugados,
llueve sobre los huesos y las piedras,
que tu semilla rompa la corteza,
la costra de mi sangre endurecida.
Devuélveme a la noche del Principio,
de tu costado desprendida sea
planeta opaco que tu luz enciende.

IV

Am Fuß des Baumes wieder. Da ist niemand:
Blechbüchsen, Flaschenscherben, auch ein Messer,
die Reste eines Sonntags, schon verrostet.
Samson, der Stier, brüllt einsam und verwundet
übers Ruinenfeld von Nacht und Leere,
und durch vergilbte, dürre Wiesen streifen
der kahle Löwe, der ergraute Tiger.
Sie kehrt sich ab von dem verwaisten Garten
und geht nachhaus durch regennasse Straßen.
Sie klopft, doch keiner gibt ihr Antwort; öffnet,
tritt ein, und hinter keiner Tür ist jemand.
Von niemand geht sie fort zu niemand, bis zu
der allerletzten Türe, der geheimen,
die er verschloß, der Vater, jeden Abend.
Sie sucht den Schlüssel, doch der ist verloren;
sie hämmert an die Tür, sie kratzt, sie hämmert,
hämmert jahrhundertlang dagegen,
und von Jahrhundert zu Jahrhundert höher
wird die Türe, mit jedem Schlage fester.
Nun reicht sie schon nicht mehr hinauf und wartet
nur auf ihrem Stühlchen, daß einer öffne:
Herr, mach sie auf, die Türen deiner Wolke,
reiß auf doch deine schlecht vernarbten Wunden,
laß regnen es auf meine Runzelbrüste,
laß regnen auf die Knochen und die Steine,
damit dein Same durch die Borke dringe,
die Kruste meines starren Bluts zerbreche.
Gib mich zurück der Nacht des ersten Anbeginns,
daß ich, von dir gelöst, ein urnachtdunkler
Planet sei, den dein Licht zu Glanz entzündet.

El prisionero

(Homenaje a D. A. F. de Sade)

> *afin que . . . les traces de ma tombe disparaissent de dessus la surface de la terre comme je me flatte que ma mémoire s'effacera de l'esprit des hommes . . .*
>
> Testamento de Sade

No te has desvanecido.
Las letras de tu nombre son todavía una cicatriz que no se cierra,
Un tatuaje de infamia sobre ciertas frentes.

Cometa de pesada y rutilante cola dialéctica,
atraviesas el siglo diecinueve con una granada de verdad en la mano
y estallas al llegar a nuestra época.

Máscara que sonríe bajo un antifaz rosa,
hecho de párpados de ajusticiado,
verdad partida en mil pedazos de fuego,
¿qué quieren decir todos esos fragmentos gigantescos,
esa manada de icebergs que zarpan de tu pluma y en alta mar enfilan hacia costas sin nombre,
esos delicados instrumentos de cirugía para extirpar el chancro,

Der Gefangene

(Huldigung an D. A. F. de Sade)

> *afin que . . . les traces de ma tombe disparaissent de dessus la surface de la terre comme je me flatte que ma mémoire s'effacera de l'esprit des hommes . . .*
>
> Aus dem Testament von de Sade

Du bist nicht verschwunden.
Die Buchstaben deines Namens sind noch ein Wundmal,
   das nicht zuheilt,
Tätowierung der Schmach auf manchen Stirnen.

Ein Komet mit schwerem, golden schimmerndem,
   dialektischem Schweif,
durchziehst du das neunzehnte Jahrhundert mit einer
   Granate der Wahrheit in der Hand
und zerbirst beim Eintritt in unsere Epoche.

Maske, die lächelt unter einem rosigen Schleier,
gefertigt aus den Lidern von Hingerichteten,
Wahrheit, zerstückt in tausend Feuerbrocken –
was wollen sie sagen, all die Riesenbruchstücke,
dieser Schwarm von Eisbergen, die auslaufen aus deiner
   Feder und auf hoher See in langer Reihe
     namenlosen Küsten entgegenziehen,
diese feinen chirurgischen Instrumente, um den Schanker
   auszuschneiden,

esos aullidos que interrumpen tus majestuosos
  razonamientos de elefante,
esas repeticiones atroces de relojería descompuesta,
toda esa oxidada herramienta de tortura?

El erudito y el poeta,
el sabio, el literato, el enamorado,
el maníaco y el que sueña en la abolición de nuestra
  sieniestra realidad,
disputan como perros sobre los restos de tu obra.
Tú, que estabas contra todos,
eres ahora un nombre, un jefe, una bandera.

Inclinado sobre la vida como Saturno sobre sus hijos,
recorres con fija mirada amorosa
los surcos calcinados que dejan el semen, la sangre y la lava.
Los cuerpos, frente a frente como astros feroces,
están hechos de la misma sustancia de los soles.
Lo que llamamos amor o muerte, libertad o destino,
¿no se llama catástrofe, no se llama hecatombe?
¿Dónde están las fronteras entre espasmo y terremoto,
entre erupción y cohabitación?

Prisionero en tu castillo de cristal de roca
cruzas galerías, cámaras, mazmorras,
vastos patios donde la vid se enrosca a columnas solares,
graciosos cementerios donde danzan los chopos inmóviles.
Muros, objetos, cuerpos te repiten.
¡Todo es espejo!
Tu imagen te persigue.

das Jaulen, das wieder und wieder deine majestätischen
  Elefantengedanken unterbricht,
die grausamen Schlagwerke einer gestörten Uhrenkunst,
das ganze rostige Folterarsenal?

Der Gelehrte und der Dichter,
der Weise, der Literat, der Verliebte,
der Verrückte und jener, der von der Abschaffung unserer
  verkehrten Wirklichkeit träumt,
sie alle streiten sich wie Hunde um die Reste deines Werkes.
Du, der du gegen alle warst,
bist nun ein Name, ein Anführer, eine Fahne.

Über das Leben gebeugt wie Saturn über seine Söhne,
verfolgst du mit starrem, liebendem Blick
die Schlackenfurchen, die der Same, das Blut und die
  Lava hinterlassen.
Die Körper, Auge in Auge einander begegnend wie rasende
  Sterne,
sind aus demselben Stoff wie die Sonnen gemacht.
Was wir Liebe nennen oder Tod, Freiheit oder Schicksal
– heißt das nicht Katastrophe, nicht Hekatombe?
Wo sind die Grenzen zwischen Krampf und Erdbeben,
zwischen Eruption und Beischlaf?

Gefangen in deiner Burg aus Bergkristall,
gehst du durch Galerien, Kammern, Verliese,
weite Höfe, wo der Wein sich rankend um Sonnensäulen
  schlingt,
durch liebliche Friedhöfe, wo die reglosen Erlen tanzen.
Mauern, Gegenstände, Körper wiederholen dich.
Alles ist Spiegel!
Dein Bildnis verfolgt dich.

El hombre está habitado por silencio y vacío.
¿Cómo saciar esta hambre,
cómo acallar y poblar su vacío?
¿Cómo escapar a mi imagen?
Sólo en mi semejante me trasciendo,
sólo su sangre da fe de otra existencia.
Justina sólo vive por Julieta,
las víctimas engendran los verdugos.
El cuerpo que hoy sacrificamos
¿no es el Dios que mañana sacrifica?
La imaginación es la espuela del deseo,
su reino es inagotable e infinito como el fastidio,
su reverso y gemelo.
Muerto o placer, inundación o vómito,
otoño parecido al caer de los dìas,
volcán o sexo,
soplo, verano que incendia las cosechas,
astros o colmillos,
petrificada cabellera del espanto,
espuma roja del deseo, matanza en alta mar,
rocas azules del delirio,
formas, imágenes, burbujas, hambre de ser,
eternidades momentáneas,
desmesuras: tu medida de hombre.
Atrévete:
la libertad es la elección de la necesidad.
Sé el arco y la flecha, la cuerda y el ay.
El sueño es explosivo. Estalla. Vuelve a ser sol.

Der Mensch ist bewohnt von Schweigen und Leere.
Wie diesen Hunger stillen,
wie seine Leere beschwichtigen und besiedeln?
Wie meinem Bildnis entfliehen?
In meinem Nächsten allein erfahre ich mich,
nur sein Blut beglaubigt eine andere Existenz.
Justine lebt nur durch Juliette,
die Opfer zeugen die Henker.
Der Leib, den wir heute opfern
– ist's nicht der Gott, der morgen opfert?
Die Phantasie ist der Sporn der Sehnsucht,
ihre Herrschaft ist unerschöpflich und unbegrenzt wie der Ekel,
ihr Gegenteil und Zwilling.
Tod oder Lust, Überschwemmung oder Erbrechen,
Herbst, der dem Sinken der Tage gleicht,
Vulkan oder Geschlecht,
Anhauch, Sommer, der die Garben in Brand steckt,
Sterne oder Eckzähne,
steinern gesträubte Mähne des Entsetzens,
roter Gischt des Verlangens, Gemetzel auf hoher See,
blaue Felsen des Fieberwahns,
Formen, Bilder, Luftblasen, Daseinshunger,
augenblickliche Ewigkeiten,
Maßlosigkeiten: dein Menschenmaß.
Wage es:
Die Freiheit ist die Wahl der Notwendigkeit.
Sei der Bogen und der Pfeil, die Sehne und das Ach.
Der Traum ist explosiv. Er birst. Wird wieder zur Sonne.

En tu castillo de diamante tu imagen se destroza y se rehace, infatigable.

Aviñón, 1948

In deiner Burg aus Diamant vernichtet und erneuert
 sich dein Bildnis unermüdlich.

Avignon, 1948

HIMNO ENTRE RUINAS

>   *donde espumoso el mar siciliano . . .*
>   Góngora

Coronado de sí el día extiende sus plumas.
¡Alto grito amarillo,
caliente surtidor en el centro de un cielo
imparcial y benéfico!
Las apariencias son hermosas en esta su verdad
    momentánea.
El mar trepa la costa,
se afianza entre las peñas, araña deslumbrante;
la herida cárdena del monte resplandece;
un puñado de cabras es un rebaño de piedras;
el sol pone su huevo de oro y se derrama sobre el mar.
Todo es dios.
¡Estatua rota,
columnas comidas por la luz,
ruinas vivas en un mundo de muertos en vida!

Cae la noche sobre Teotihuacán.
En lo alto de la pirámide los muchachos fuman marihuana,
suenan guitarras roncas.
¿Qué yerba, qué agua de vida ha de darnos la vida,
dónde desenterrar la palabra,
la proporción que rige al himno y al discurso,
al baile, a la cuidad y a la balanza?
El canto mexicano estalla en un carajo,
estrella de colores que se apaga,

HYMNE ZWISCHEN RUINEN

> *donde espumoso el mar siciliano . . .*
> Góngora

Gekrönt mit sich selbst, spreitet der Tag seine Federn.
Hoher, gelber Schrei,
heißer Springquell in der Mitte eines Himmels,
unparteiisch und Wohltat spendend!
Die Erscheinungen sind schön in ihrer augenblicklichen Wahrheit.
Das Meer erklimmt die Küste,
hält sich fest zwischen den Klippen, eine funkelnde Spinne;
die violette Wunde des Berges schimmert;
eine Handvoll Ziegen ist eine Herde Steine;
die Sonne legt ihr goldenes Ei und ergießt sich übers Meer.
Alles ist Gott.
Zerbrochene Statue,
Säulen, vom Licht zerfressen,
lebendige Ruinen in einer Welt von Toten, die am Leben sind!

Die Nacht sinkt herab über Teotihuacán.
Oben auf der Pyramide rauchen die Burschen Marihuana,
heisere Gitarren tönen.
Welches Kraut, welches Lebenswasser wird uns das Leben geben?
Wo ausgraben das Wort,
das Gleichmaß, das den Hymnus und das Gespräch regiert,
den Tanz, die Stadt und die Waage?
Das mexikanische Lied zerspringt mit einem unflätigen Fluch:
ein farbiger Feuerwerksstern, der erlischt,

piedra que nos cierra las puertas del contacto.
Sabe la tierra a tierra envejecida.

Los ojos ven, las manos tocan.
Bastan aquí unas cuantas cosas:
tuna, espinoso planeta coral,
higos encapuchados,
uvas con gusto a resurrección,
almejas, virginidades ariscas,
sal, queso, vino, pan solar.
Desde lo alto de su morenía una isleña me mira,
esbelta catedral vestida de luz.
Torres de sal, contra los pinos verdes de la orilla
surgen las velas blancas de las barcas.
La luz crea templos en el mar.

Nueva York, Londres, Moscú.
La sombra cubre al llano con su yedra fantasma,
con su vacilante vegetación de escalofrío,
su vello ralo, su tropel de ratas.
A trechos tirita un sol anémico.
Acodado en montes que ayer fueron ciudades, Polifemo
   bosteza.
Abajo, entre los hoyos, se arrastra un rebaño de hombres.
(Bípedos domésticos, su carne
– a pesar de recientes interdicciones religiosas –
es muy gustada por las clases ricas.
Hasta hace poco el vulgo los consideraba animales impuros.)

ein Stein, der uns die Türen zum Andern verschließt.
Die Erde schmeckt nach ergrauter Erde.

Die Augen sehen, die Hände berühren.
Hier genügen ein paar wenige Dinge:
Nopalbaum, stachliger Korallenplanet,
mit Kapuzen bedeckte Kaktusfeigen,
Trauben, die nach Auferstehung schmecken,
Muscheln, herbe Jungfernschaften,
Salz, Käse, Wein, Sonnenbrot.
Aus der Höhe ihrer Bräune schaut eine Inselbewohnerin
    mich an,
schlanke Kathedrale, gekleidet in Licht.
Türme aus Salz, gegen die grünen Pinien des Ufers
tauchen die weißen Segel der Boote auf.
Das Licht schafft Tempel auf dem Meer.

New York, London, Moskau.
Der Schatten bedeckt die Ebene mit seinem Gespensterefeu,
mit seiner flackernden Vegetation von Schüttelfrost,
seinem schütteren Flaum, seinem Rattenschwarm.
Hie und da zittert fröstelnd eine anämische Sonne.
Die Ellbogen auf Berge gestützt, die früher Städte waren,
    gähnt Polyphem.
Drunten, zwischen den Gruben, kriecht eine Herde
    Menschen.
(Zweibeinige Haustiere, ihr Fleisch wird
– trotz religiösen Einwänden in jüngster Zeit –
von den reichen Klassen sehr geschätzt.
Bis vor kurzem hat das gemeine Volk sie als unreine
    Tiere angesehen.)

Ver, tocar formas hermosas, diarias.
Zumba la luz, dardos y alas.
Huele a sangre la mancha de vino en el mantel.
Como el coral sus ramas en el agua
extiendo mis sentidos en la hora viva:
el instante se cumple en una concordancia amarilla,
¡oh mediodía, espiga henchida de minutos,
copa de eternidad!

*Mis pensamientos se bifurcan, serpean, se enredan,
recomienzan,
y al fin se inmovilizan, ríos que no desembocan,
delta de sangre bajo un sol sin crepúsculo.
¿Y todo ha de parar en este chapoteo de aguas muertas?*

¡Día, redondo día,
luminosa naranja de veinticuatro gajos,
todos atravesados por una misma y amarilla dulzura!
La inteligencia al fin encarna,
se reconcilian las dos mitades enemigas
y la conciencia-espejo se licúa,
vuelve a ser fuente, manantial de fábulas:
Hombre, árbol de imágenes,
palabras que son flores que son frutos que son actos.

Nápoles, 1948

Sehen, berühren – schöne, alltägliche Formen.
Es summt das Licht, Wurfspeere und Flügel.
Nach Blut riecht der Weinfleck auf dem Tischtuch.
Wie die Koralle ihre Zweige im Wasser
strecke ich meine Sinne aus in der lebendigen Stunde:
der Augenblick erfüllt sich in einem gelben Einklang
– o Mittag, Ähre, prall von Minuten,
Becher der Ewigkeit!

*Meine Gedanken gabeln sich, winden, verwirren sich,
beginnen von vorne,
und am Ende stocken sie, Flüsse, die nicht münden,
Blutdelta unter einer Sonne ohne Dämmerung.
Und alles soll enden in diesem Geplätscher toter Wasser?*

Tag, runder Tag,
leuchtende Orange mit vierundzwanzig Schnitzen,
alle durchdrungen von derselben, der gelben Süße!
Die Intelligenz wird endlich Fleisch,
die beiden feindlichen Hälften versöhnen sich,
und der Bewußtseins-Spiegel schmilzt,
wandelt sich wieder zum Brunnen, zur Fabelquelle:
Mensch, Baum der Bilder,
Worte, die Blüten sind, die Früchte sind, die Taten sind.

Neapel, 1948

MÁSCARAS DEL ALBA

Sobre el tablero de la plaza
se demoran las últimas estrellas.
Torres de luz y alfiles afilados
cercan las monarquías espectrales.
¡Vano ajedrez, ayer combate de ángeles!

Fulgor de agua estancada donde flotan
pequeñas alegrías ya verdosas,
la manzana podrida de un deseo,
un rostro recomido por la luna,
el minuto arrugado de una espera,
todo lo que la vida no consume,
los restos del festín de la impaciencia.

Abre los ojos el agonizante.
Esa brizna de luz que tras cortinas
espía al que la expía entre estertores
es la mirada que no mira y mira,
el ojo en que espejean las imágenes
antes de despeñarse, el precipicio
cristalino, la tumba de diamante:
es el espejo que devora espejos.

Olivia, la ojizarca que pulsaba,
las blancas manos entre cuerdas verdes,
el arpa de cristal de la cascada,
nada contra corriente hasta la orilla
del despertar: la cama, el haz de ropas,
las manchas hidrográficas del muro,

MASKEN DER FRÜHE

Über dem Spielbrett dieses Platzes
stehen verspätet noch die letzten Sterne.
Türme aus Licht und leichte, schlanke Läufer
umringen die spektralen Monarchien.
Sinnloses Schachspiel, gestern Kampf von Engeln!

Schimmer stockenden Wassers, in dem träge
bescheidne Freuden treiben, schon veralgend,
der angefaulte Apfel einer Sehnsucht,
ein Menschenangesicht, zernagt vom Mondlicht,
zerknittert die Minute eines Wartens,
dies und jenes, vom Leben weggeworfen,
Reste vom Festmahl ruheloser Neugier.

Der Sterbenskranke öffnet seine Augen.
Dieser Splitter von Licht, der hinter Schleiern
nun den bespäht, der ihn entsühnt im Röcheln,
das ist der Blick, der nicht mehr blickt im Blicken,
das Auge, das die Bilder widerspiegelt,
eh sie hinunterstürzen, der kristallne
Abgrund, glitzernde Diamantengrube,
der Spiegel, welcher einschlingt alle Spiegel.

Olivia, mit wasserblauen Augen,
die auf den grünen Saiten der Kaskade
mit weißen Händen klimperglösern harfte,
schwimmt strömungaufwärts jetzt dem Ufer ihres
Erwachens zu: dem Bett, dem Bündel Kleider,
den Wassermarken an den Zimmerwänden,

ese cuerpo sin nombre que a su lado
mastica profecías y rezongos
y la abominación del cielo raso.
Bosteza lo real sus naderías,
se repite en horrores desventrados.

El prisionero de sus pensamientos
teje y desteje su tejido a ciegas
escarba sus heridas, deletrea
las letras de su nombre, las dispersa,
y ellas insisten en el mismo estrago:
se engastan en su nombre desgastado.
Va de sí mismo hacia sí mismo, vuelve,
en el centro de sí se para y grita
¿quién va? y el surtidor de su pregunta
abre su flor absorta, centellea,
silba en el tallo, dobla la cabeza,
y al fin, vertiginoso, se desploma
roto como la espada contra el muro.

La joven domadora de relámpagos
y la que se desliza sobre el filo
resplandeciente de la guillotina;
el señor que desciende de la luna
con un fragante ramo de epitafios;
la frígida que lima en el insomnio
el pedernal gastado de su sexo;
el hombre puro en cuya sien anida
el águila real, la cejijunta
voracidad de un pensamiento fijo;
el árbol de ocho brazos anudados
que el rayo del amor derriba, incendia

dem Körper, namenlos, der ihr zur Seite
Orakel wiederkäut und dunkel knurrend
Verwünschungen zum klaren Himmel sendet.
Das Wirkliche gähnt seine Nichtigkeiten,
läßt immergleiche Greuel sich entquellen.

Und der gefangen sitzt im eignen Denken,
webt blindlings und trennt auf, was er gewoben,
kratzt seine Wunden auf, entziffert sorgsam
die Lettern seines Namens, schleudert alle
auseinander, doch stur verbleiben sie im
Fassungslosen hübsch eingefaßt: sein Name.
Von sich geht er zu sich, vorwärts und rückwärts,
bleibt stehen in der Mitte seines Wesens
und ruft: Wer da? – Der Springquell seiner Frage
schießt auf verzückt zur Blüte, leuchtet strahlend,
pfeift aus dem Rohr empor, das Haupt schon neigend,
und stürzt dann schließlich in sich selber nieder,
zerbrochen wie der Degen an der Mauer.

Das Mädchen, das sich Blitze lächelnd bändigt,
die Frau, die auf der blinkend scharfen Schneide
der Guillotine lässig niedergleitet;
der Herr, vom Mond herabspazierend mit dem
Bukett von duftend frischen Epitaphen,
und die Frigide, die den müden Flintstein
ihres Geschlechtes feilt, vom Schlaf gemieden;
der reine Mann, in dessen Schläfenhöhlung
der Königsadler horstet, stille Raubgier
einer fixen Idee, die Brauen runzelnd;
der Baum mit acht in eins verflochtnen Armen,
vom Blitz der Liebe hingeschmettert, flammend

y carboniza en lechos transitorios;
el enterrado en vida con su pena;
la joven muerta que se prostituye
y regresa a su tumba al primer gallo;
la víctima que busca a su asesino;
el que perdió su cuerpo, el que su sombra,
el que huye de sí y el que se busca
y se persigue y no se encuentra, todos,
vivos muertos al borde del instante
se detienen suspensos. Duda el tiempo,
el día titubea.
          Soñolienta
en su lecho de fango, abre los ojos
Venecia y se recuerda: ¡pabellones
y un alto vuelo que se petrifica!
Oh esplendor anegado...
Los caballos de bronce de San Marcos
cruzan arquitecturas que vacilan,
descienden verdinegros hasta el agua
y se arrojan al mar, hacia Bizancio.

Oscilan masas de estupor y piedra,
mientras los pocos vivos de esta hora...
Pero la luz avanza a grandes pasos,
aplastando bostezos y agonías.
¡Júbilos, resplandores que desgarran!
El alba lanza su primer cuchillo.

Venecia, 1948

und verkohlend in immer andern Betten;
der lebendig mit seinem Leid Verscharrte;
die jung Begrabene, die auf den Strich geht
und erst beim Hahnenschrei zum Grabe heimkehrt;
das Opfer auf der Suche nach dem Mörder;
der seinen Leib verlor, der Schattenlose,
der seinem Selbst entflieht und der sein Ich sucht,
der selber sich verfolgt, sich niemals findet
– alle, lebendig Tote, halten inne,
schwebend am Rand des Augenblicks. Es zögert
die Zeit, zaudernd verharrt der Tag.
                                        Schlaftrunken
in seinem Schlammbett, schlägt Venedig jetzt die
Augen auf und erinnert sich: Standarten,
ein Flug zur Höhe hin, im Nu versteinernd!
O ertrunkener Glanz . . .
San Marcos Bronzepferde galoppieren
durch Bauepochen, welche lautlos schwanken,
preschen hinab, schwarzgrün, bis nah ans Wasser
und springen ins Meer, Richtung Byzantium.

Massen aus Stein und starrem Staunen wanken,
während die paar, die diese Stunde leben . . .
Aber der Tag rückt vor mit großen Schritten,
zertritt das Gähnen und die Agonien.
Jubelschreie, Gefunkel, dämmerschlitzend!
Die Frühe schleudert wild ihr erstes Messer.

Venedig, 1948

¿No hay salida?

En duermevela oigo correr entre bultos adormilados y
 ceñudos un incesante río.
Es la catarata negra y blanca, las voces, las risas, los gemidos
 del mundo confuso, despeñándose.
Y mi pensamiento que galopa y galopa y no avanza, también
 cae y se levanta
y vuelve a despeñarse en las aguas estancadas del lenguaje.
¡Palabras para sellar al mundo con un sello indeleble o para
 abrirlo de par en par,
sílabas arrancadas al árbol del idioma, hachas contra la
 muerte, proas donde se rompe la gran ola del vacío,
heridas, surtidores, conos esbeltos que levanta el insomnio!
Hace un segundo habría sido fácil coger una palabra y
 repetirla una vez y otra vez,
cualquiera de esas frases que decimos a solas en un cuarto
 sin espejos
para probarnos que no es cierto, que aún estamos vivos,
pero ahora con manos que no pesan la noche aquieta la
 furiosa marea
y una a una desertan las imágenes, una a una las palabras se
 cubren el rostro.

Gibt's keinen Ausweg?

Im Halbschlaf hör ich es strömen zwischen verdämmerten,
　düsteren Körpern: ein unaufhörlicher Fluß.
Der Katarakt ist's, schwarz und weiß, die Stimmen, das
　Lachen, das Seufzen der wirren Welt, wie es stürzt in den
　Abgrund.
Und mein Denken, das galoppiert und galoppiert und
　nicht vom Fleck kommt, fällt gleichfalls, erhebt sich
　wieder
und stürzt aufs neue in die stockenden Wasser der Sprache.
Wörter, die Welt zu versiegeln mit einem
　unauslöschlichen Siegel, oder sie aufzuschließen,
　sperrangelweit;
Silben, vom Baum der Sprache gerissen, Äxte gegen
　den Tod, Bugspitzen, an denen die Woge der Leere
　sich bricht,
Wunden, Springbrunnen, schlanke Kegel, errichtet von der
　Schlaflosigkeit!
Vor einer Sekunde wäre es leicht gewesen, ein Wort zu
　fassen und es zu wiederholen ein ums andere Mal,
jeden beliebigen jener Sätze, die wir vor uns hinsagen,
　einsam, in einem Zimmer ohne Spiegel,
um uns zu beweisen, daß es nicht gewiß ist, ob wir noch
　leben,
doch jetzt beschwichtigt die Nacht mit leichten Händen
　das Wüten der Flut,
Und eins ums andere verdrücken sich die Bilder, eins ums
　andere verdecken die Wörter ihr Gesicht.

Pasó ya el tiempo de esperar la llegada del tiempo, el tiempo de ayer, hoy y mañana,
ayer es hoy, mañana es hoy, hoy todo es hoy, salió de pronto de sí mismo y me mira,
no viene del pasado, no va a ninguna parte, hoy está aquí, no es la muerte
– nadie se muere de la muerte, todos morimos de la vida –, no es la vida
– fruto instantáneo, vertiginosa y lúcida embriaguez, el vacío sabor de la muerte de más vida a la vida–,
hoy no es muerte ni vida,
no tiene cuerpo, ni nombre, ni rostro, hoy está aquí,
echado a mis pies, mirándome.

Yo estoy de pie, quieto en el centro del círculo que hago al ir cayendo desde mis pensamientos,
estoy de pie y no tengo adónde volver los ojos, no queda ni una brizna del pasado,
toda la infancia se la tragó este instante y todo el porvenir son estos muebles clavados en su sitio,
el ropero con su cara de palo, las sillas alineadas en la espera de nadie,
el rechoncho sillón con los brazos abiertos, obsceno como morir en su lecho,
el ventilador, insecto engreído, la ventana mentirosa, el presente sin resquicios,

Vorbei ist die Zeit, da man das Kommen der Zeit erwartet,
 die Zeit von gestern, heute und morgen,
gestern ist heute, morgen ist heute, heute ist lauter
 Heute, plötzlich ist es aus sich herausgegangen und schaut
 mich an,
es kommt nicht aus der Vergangenheit, geht nirgendwo hin,
 Heute ist hier, es ist nicht der Tod
– niemand stirbt am Tod, alle sterben wir am Leben –, es
 ist nicht das Leben
– Augenblicksfrucht, schwindelerregende, strahlende
 Trunkenheit, der schale Geschmack des Todes macht das
 Leben lebendiger –,
Heute ist weder Leben noch Tod,
es hat keinen Leib, keinen Namen, kein Gesicht, Heute ist
 hier,
hingestreckt zu meinen Füßen, schaut es mich an.

Ich stehe aufrecht, ruhig in der Mitte des Kreises, den ich
 bilde, wie ich aus meinen Gedanken falle,
aufrecht stehe ich und habe nichts, wohin ich die Augen
 wenden sollte, keine Faser vom Vergangenen ist geblieben,
die ganze Kindheit hat er verschluckt, dieser
 Augenblick, und die ganze Zukunft sind diese Möbel,
 angenagelt auf ihrem Platz,
der Kleiderschrank mit seinem Holzgesicht, die Stühle,
 aufgereiht und wartend auf niemand,
der stämmige Sessel mit ausgebreiteten Armen, obszön wie
 das Sterben im eigenen Bett,
der Ventilator, ein aufgeblasenes Insekt, das
 lügnerische Fenster, die Gegenwart ohne Risse,

todo se ha cerrado sobre sí mismo, he vuelto adonde empecé, todo es hoy y para siempre.

Allá, del otro lado, se extienden las playas inmensas como una mirada de amor,
allá la noche vestida de agua despliega sus jeroglíficos al alcance de la mano,
el río entra cantando por el llano dormido y moja las raíces de la palabra libertad,
allá los cuerpos enlazados se pierden en un bosque de árboles transparentes,
bajo el follaje del sol caminamos, amor mío, somos dos reflejos que cruzan sus aceros,
la plata nos tiende puentes para cruzar la noche, las piedras nos abren paso,
allá tú eres el tatuaje en el pecho del jade caído de la luna, allá el diamante insomne cede
y en su centro vacío somos el ojo que nunca parpadea y la fijeza del instante ensimismado en su esplendor.

Todo está lejos, no hay regreso, los muertos no están muertos, los vivos no están vivos,
hay un muro, un ojo que es un pozo, todo tira hacia abajo, pesa el cuerpo,
pesan los pensamientos, todos los años son este minuto desplomándose interminablemente,
aquel cuarto de hotel de San Francisco me salió al paso en Bangkok, hoy es ayer, mañana es ayer,

alles hat sich in sich selbst verschlossen, ich bin dorthin
 zurückgekehrt, wo ich anfing, alles ist heute und für
 immer.

Dort drüben, jenseits, dehnen sich die endlosen Ufer wie
 ein Liebesblick,
dort entrollt die in Wasser gekleidete Nacht ihre
 Hieroglyphen, greifbar für die Hand,
der Fluß kommt singend die schlafende Ebene herein und
 netzt die Wurzeln des Wortes Freiheit,
dort verlieren sich die verflochtenen Körper in einem Wald
 durchsichtiger Bäume,
unter dem Sonnenlaub wandern wir, meine Liebe, wir sind
 zwei Lichtreflexe, die ihre Klingen kreuzen,
das Silber schlägt uns Brücken, die Nacht zu
 überqueren, die Steine geben uns den Weg frei,
dort bist du die Tätowierung auf der Brust des
 Jadesteins, der vom Mond fiel, dort gibt er nach, der
 schlaflose Diamant,
und in seiner hohlen Mitte sind wir das Auge, das
 niemals blinzelt, und die Festigkeit des Augenblicks,
 versunken im eigenen Glanz.

Alles ist fern, es gibt keinen Rückweg, die Toten sind nicht
 tot, die Lebenden sind nicht lebendig,
eine Mauer ist da, ein Auge, das ein Brunnenloch ist, alles
 reißt nach unten, der Körper lastet,
es lasten die Gedanken, alle Jahre sind diese Minute in
 unaufhörlichem Einsturz,
jenes Hotelzimmer von San Francisco kam mir in Bangkok
 entgegen, heute ist gestern, morgen ist gestern,

la realidad es una escalera que no sube ni baja, no nos
movemos, hoy es hoy, siempre es hoy,
siempre el ruido de los trenes que despedazan cada noche
a la noche,
el recurrir a las palabras melladas,
la perforación del muro, las idas y venidas, la realidad
cerrando puertas,
poniendo comas, la puntuación del tiempo, todo está lejos,
los muros son enormes,
está a millas de distancia el vaso de agua, tardaré mil años
en recorrer mi cuarto,
qué sonido remoto tiene la palabra vida, no estoy aquí, no
hay aquí, este cuarto está en otra parte,
aquí es ninguna parte, poco a poco me he ido cerrando y
no encuentro salida que no dé a este instante,
este instante soy yo, salí de pronto de mí mismo, no tengo
nombre ni rostro,
yo está aquí, echado a mis pies, mirándome mirándose
mirarme mirado.

Fuera, en los jardines que arrasó el verano, una cigarra se
ensaña contra la noche.
¿Estoy o estuve aquí?

Tokio, 1952

die Wirklichkeit ist eine Treppe, die weder aufwärts
 noch abwärts führt, wir bewegen uns nicht, heute ist
 heute, immer ist heute,
immer das Rattern der Züge, die jede Nacht die Nacht
 zerschneiden,
der Griff nach den schartigen Wörtern,
das Durchlöchern der Mauer, das Gehen und Kommen,
 die Wirklichkeit, Türen zuschlagend,
Kommas setzend, die Interpunktion der Zeit, alles ist fern,
 die Mauern sind riesig,
meilenweit entfernt ist das Wasserglas, tausend Jahre werde
 ich brauchen, um mein Zimmer zu durchqueren,
welch fernen Klang hat das Wort Leben, ich bin nicht hier,
 es gibt kein Hier, dieses Zimmer ist anderswo,
hier ist nirgendwo, allmählich habe ich mich geschlossen
 und finde keinen Ausweg, der nicht in diesen Augenblick
 mündet,
dieser Augenblick bin ich, plötzlich bin ich aus mir her-
 ausgegangen, ich habe keinen Namen, kein Gesicht,
Ich ist hier, hingestreckt zu meinen Füßen, mich sich
 betrachtend, wie ich betrachtet mich betrachte.

Draußen, in den Gärten, die der Sommer verheerte,
 wütet eine Zikade gegen die Nacht.
Bin ich oder war ich hier?

Tokio, 1952

La mirada interior se despliega y un mundo de vértigo y llama nace bajo la frente del que sueña:
soles azules, verdes remolinos, picos de luz que abren astros como granadas,
tornasol solitario, ojo de oro girando en el centro de una explanada calcinada,
bosques de cristal de sonido, bosques de ecos y respuestas y ondas, diálogo de transparencias,
¡viento, galope de agua entre los muros interminables de una garganta de azabache,
caballo, cometa, cohete que se clava justo en el corazón de la noche, plumas, surtidores,
plumas, súbito florecer de las antorchas, velas, alas, invasión de lo blanco,
pájaros de las islas cantando bajo la frente del que sueña!

Abrí los ojos, los alcé hasta el cielo y vi cómo la noche se cubría de estrellas.
¡Islas vivas, brazaletes de islas llameantes, piedras ardiendo, respirando, racimo de piedras vivas,
cuánta fuente, qué claridades, qué cabelleras sobre una espalda oscura,
cuánto río allá arriba, y ese sonar remoto de agua junto al fuego, de luz contra la sombra!
Harpas, jardines de harpas.

ZERBROCHENER KRUG

Der innere Blick entfaltet sich, und eine Welt aus Taumel und Flamme wird unter der Stirn des Träumenden geboren:
blaue Sonnen, grüne Wirbelwinde, Schnäbel aus Licht, die Sterne aufpicken wie Granatäpfel,
einsame Sonnenblume, Goldauge, kreisend in der Mitte einer ausgeglühten Ebene,
Wälder aus Klangkristall, Wälder aus Widerhall und Erinnerungen und Wellen, Dialog durchsichtiger Wesenheiten,
Wind, Galopp von Wasser zwischen den endlosen Mauern einer Pechkohlenschlucht,
Pferd, Komet, Rakete, die sich mitten ins Herz der Nacht bohrt, Federn, Springbrunnen,
Federn, plötzliches Aufblühen der Fackeln, Segel, Flügel, Einfall alles Weißen,
Vögel von den Inseln, singend unter der Stirn des Träumenden!

Ich schlug die Augen auf, hob sie zum Himmel und sah, wie die Nacht sich mit Sternen bedeckte.
Lebendige Inseln, Armbänder aus flammenden Inseln, Steine, brennend, atmend, Trauben lebendiger Steine,
wieviel Quellkraft, welche Klarheiten, welche Haarfluten, niederwallend auf eine dunkle Schulter,
Wieviel Strömen dort oben, und das ferne Brausen des Wassers am Feuer, des Lichts gegen das Dunkel!
Harfen, Gärten von Harfen.

Pero a mi lado no había nadie.
Sólo el llano: cactus, huizaches, piedras enormes que estallan bajo el sol.
No cantaba el grillo,
había un vago olor a cal y semillas quemadas,
las calles del poblado eran arroyos secos
y el aire se habría roto en mil pedazos si alguien hubiese gritado: ¿quién vive?
Cerros pelados, volcán frío, piedra y jadeo bajo tanto esplendor, sequía, sabor de polvo,
rumor de pies descalzos sobre el polvo, ¡y el pirú enmedio del llano como un surtidor petrificado!

Dime, sequía, dime, tierra quemada, tierra de huesos remolidos dime, luna agónica,
¿no hay agua,
hay sólo sangre, sólo hay polvo, sólo pisadas de pies desnudos sobre la espina,
sólo andrajos y comida de insectos y sopor bajo el mediodía impío como un cacique de oro?
¿No hay relinchos de caballos a la orilla del río, entre las grandes piedras redondas y relucientes,
en el remanso, bajo la luz verde de las hojas y los gritos de los hombres y las mujeres bañándose al alba?
El dios-maíz, el dios-flor, el dios-agua, el dios-sangre, la Virgen,
¿todos se han muerto, se han ido, cántaros rotos al borde de la fuente cegada?
¿Sólo está vivo el sapo,
sólo reluce y brilla en la noche de México el sapo verduzco,
sólo el cacique gordo de Cempoala es inmortal?

Doch an meiner Seite war niemand.
Nur die Ebene: Kaktus, Huizaches, riesige Steine, die unter
   der Sonne bersten.
Keine Grille sang,
es roch wie nach Kalk und verbrannten Samenkörnern,
die Gassen der Ortschaft waren ausgetrocknete Bachbetten,
und die Luft wäre in tausend Stücke zersprungen, wenn
   jemand geschrien hätte: Wer da?
Kahle Anhöhen, erkalteter Vulkan, Stein und Keuchen
   unter soviel Glanz, Dürre, Staubgeschmack,
das Geräusch nackter Füße im Staub und der Pirubaum
inmitten der Ebene wie ein versteinerter Springquell!

Sag mir, Dürre, sag mir, verbrannte Erde, Erde aus fein
   zermahlenen Knochen, sag mir, Mond in der Todesstunde,
gibt es kein Wasser?
Gibt es nur Blut, nur Staub, nur das Treten nackter Füße
   auf den Dorn,
nur Lumpen und Insektenfraß und Benommenheit unter
   dem Mittag, herzlos wie ein Kazike aus Gold?
Gibt es kein Wiehern von Pferden am Ufer des Flusses,
   zwischen den großen, runden, schimmernden Steinen,
in der Bucht, unter dem grünen Licht der Blätter und den
   Schreien der Männer und Frauen, die in der Frühe baden?
Der Maisgott, der Blumengott, der Wassergott, der
   Blutgott, die Jungfrau –
sind sie alle gestorben, fortgegangen, zerbrochene Krüge am
   Rand des erblindeten Brunnens?
Lebt nur noch die Kröte,
schimmert und glänzt in Mexikos Nacht nur die grünliche
   Kröte,
ist nur der dicke Kazike von Cempoala unsterblich?

Tendido al pie del divino árbol de jade regado con sangre,
  mientras dos esclavos jóvenes lo abanican,
en los días de las grandes procesiones al frente del pueblo,
  apoyado en la cruz: arma y bastón,
en traje de batalla, el esculpido rostro de sílex aspirando
  como un incienso precioso el humo de los fusilamientos,
los fines de semana en su casa blindada junto al mar, al lado
  de su querida cubierta de joyas de gas neón,
¿sólo el sapo es inmortal?

He aquí a la rabia verde y fría y a su cola de navajas y vidrio
  cortado,
he aquí al perro y a su aullido sarnoso,
al maguey taciturno, al nopal y al candelabro erizados, he
  aquí a la flor que sangra y hace sangrar,
la flor de inexorable y tajante geometría como un delicado
  instrumento de tortura,
he aquí a la noche de dientes largos y mirada filosa, la noche
  que desuella con un pedernal invisible,
oye a los dientes chocar uno contra otro,
oye a los huesos machacando a los huesos,
al tambor de piel humana golpeado por el fémur,
als tambor del pecho golpeado por el talón rabioso,
al tam-tam de los tímpanos golpeados por el sol delirante,
he aquí al polvo que se levanta como un rey amarillo y todo

Ruhend zu Füßen des göttlichen, blutbewässerten
  Jadebaums, während zwei junge Sklaven ihm fächeln,
an den Tagen der großen Prozessionen das Volk
  anführend, gestützt auf das Kreuz: Waffe und Stock,
im Schlachtrock, mit hart gemeißeltem Gesicht, aus
  Feuerstein, den Rauch der Erschießungen atmend wie
    köstlichen Weiheduft,
das Wochenende im gepanzerten Haus am Meer
  verbringend bei der Geliebten, behangen mit Juwelen aus
    Neongas –
ist nur die Kröte unsterblich?

Ah, sieh doch, die grüne und kalte Wut mit ihrem Schweif
  aus Messern und Glasscherben,
sieh da, der Hund und sein räudiges Heulen,
düster verschwiegen die Maguey-Agave, mit gesträubten
  Stacheln Nopalbaum und Kandelaberkaktus, sieh da, die
    Blume, die blutet und bluten macht,
die Blume von unerbittlicher, schneidender Geometrie, wie
  ein feines Folterinstrument,
sieh die Nacht mit langen Zähnen und geschliffenem Blick,
  die Nacht, die Häute abzieht mit einem unsichtbaren
    Feuerstein,
hör die Zähne aufeinanderkrachen,
hör die Knochen, wie sie Knochen zermalmen,
die Trommel aus Menschenhaut, geschlagen mit dem
  Oberschenkelbein,
die Trommel der Brust, dröhnend unter dem Absatz des
  Zorns,
das Tamtam der Trommelfelle, geschlagen von der rasenden
  Sonne,
sieh den Staub, der sich erhebt wie ein gelber König und alles

lo descuaja y danza solitario y se derrumba
como un árbol al que de pronto se le han secado las raíces,
   como una torre que cae de un solo tajo,
he aquí al hombre que cae y se levanta y come polvo y se
   arrastra,
al insecto humano que perfora la piedra y perfora los siglos
   y carcome la luz,
he aquí a la piedra rota, al hombre roto, a la luz rota.

¿Abrir los ojos o cerrarlos, todo es igual?
Castillos interiores que incendia el pensamiento porque otro
   más puro se levante, sólo fulgor y llama,
semilla de la imagen que crece hasta ser árbol y hace estallar
   el cráneo,
palabra que busca unos labios que la digan,
sobre la antigua fuente humana cayeron grandes piedras,
hay siglos de piedras, años de losas, minutos espesores sobre
   la fuente humana.

Dime, sequía, piedra pulida por el tiempo sin dientes, por
   el hambre sin dientes,
polvo molido por dientes que son siglos, por siglos que son
   hambres,
dime, cántaro roto caído en el polvo, dime,
¿la luz nace frotando hueso contra hueso, hombre contra
   hombre, hambre contra hambre,
hasta que surja al fin la chispa, el grito, la palabra,
hasta que brote al fin el agua y crezca el árbol de anchas hojas
   de turquesa?

rodet und einsam tanzt und zu Boden stürzt
wie ein Baum, dem plötzlich die Wurzeln verdorrt sind,
  wie ein Turm, den ein einziger Hieb fällt,
sieh den Menschen, der stürzt und wieder aufsteht und Staub
  ißt und sich weiterschleppt,
das menschliche Insekt, das den Stein durchbohrt und die
  Jahrhunderte durchbohrt und das Licht zernagt,
sieh den zerstörten Stein, den zerstörten Menschen, das
  zerstörte Licht.

Die Augen öffnen oder schließen – ist alles gleich?
Innere Burgen, vom Denken in Brand gesteckt, damit eine
  andere, reinere sich erhebe, nur Glanz und Flamme,
Same des Bildes, der wächst, bis er zum Baum wird und den
  Schädel sprengt,
Wort, das Lippen sucht, die es aussprechen:
Auf den alten Menschenbrunnen sind große Steine gefallen,
Jahrhunderte von Steinen liegen, Jahre von Grabtafeln,
  lastende Minuten auf dem Menschenbrunnen.

Sag mir, Dürre, von der zahnlosen Zeit geglätteter Stein,
  abgeschliffen vom zahnlosen Hunger,
Staub, zermahlen von Zähnen, die Jahrhunderte sind, von
  Jahrhunderten, die Hunger sind,
sag mir, zerbrochener, in den Staub gefallener Krug, sag
  mir –
wird das Licht geboren, wo sich Knochen an Knochen reibt,
  Mensch an Mensch, Hunger an Hunger,
bis endlich der Funke aufspringt, der Schrei, das Wort,
bis endlich das Wasser quillt und der Baum sprießt mit
  breiten Blättern aus Türkis?

Hay que dormir con los ojos abiertos, hay que soñar con las manos,
soñemos sueños activos de río buscando su cauce, sueños de sol soñando sus mundos,
hay que soñar en voz alta, hay que cantar hasta que el canto eche raíces, tronco, ramas, pájaros, astros,
cantar hasta que el sueño engendre y brote del costado del dormido la espiga roja de la resurrección,
el agua de la mujer, el manantial para beber y mirarse y reconocerse y recobrarse,
el manantial para saberse hombre, el agua que habla a solas en la noche y nos llama con nuestro nombre
el manantial de las palabras para decir yo, tú, él, nosotros, bajo el gran árbol viviente estatua de la lluvia,
para decir los pronombres hermosos y reconocernos y ser fieles a nuestros nombres
hay que soñar hacia atrás, hacia la fuente, hay que remar siglos arriba,
más allá de la infancia, más allá del comienzo, más allá de las aguas del bautismo,
echar abajo las paredes entre el hombre y el hombre, juntar de nuevo lo que fue separado,
vida y muerte no son mundos contrarios, somos un solo tallo con dos flores gemelas,
hay que desenterrar la palabra perdida, soñar hacia dentro y también hacia afuera,
descifrar el tatuaje de la noche y mirar cara a cara al mediodía y arrancarle su máscara,

Es gilt mit offenen Augen zu schlafen, zu träumen mit den Händen,
tätige Träume wollen wir träumen, Träume eines Flusses, der seinen Weg sich sucht, Träume einer Sonne, die ihre Welten sich erträumt,
es gilt mit lauter Stimme zu träumen, zu singen, bis der Gesang Wurzeln schlägt, einen Stamm treibt, Äste, Vögel, Sterne,
zu singen, bis der Traum fruchtbar wird und aus der Seite des Schlafenden die rote Ähre der Auferstehung quillt,
das Wasser des Weibes, die Quelle, darin man trinken kann, sich beschauen, sich erkennen und zu sich kommen,
die Quelle, wo man als Mensch sich erfährt, das Wasser, das einsam redet in der Nacht und uns beim Namen ruft,
die Quelle der Worte, um ich zu sagen, du, er, wir, unter dem großen Baum, der lebendigen Statue des Regens,
um die schönen Pronomen zu sagen und uns zu erkennen und unseren Namen treu zu sein,
zu träumen gilt es, rückwärts, der Brunnenstube entgegen, zu rudern, Jahrhunderte aufwärts,
über die Kindheit hinaus, über den Anfang hinaus, über die Taufwasser hinaus,
niederzulegen die Wände, die den Menschen vom Menschen scheiden, erneut zu verbinden, was getrennt war,
Leben und Tod sind keine gegensätzlichen Welten, wir sind ein einziger Stengel mit Zwillingsblüten,
auszugraben gilt es das verlorene Wort, zu träumen nach innen und auch nach außen,
zu entziffern die Tätowierung der Nacht und Auge in Auge den Mittag zu schauen, ihm die Maske zu rauben,

bañarse en luz solar y comer los frutos nocturnos, deletrear
la escritura del astro y la del río,
recordar lo que dicen la sangre y la marea, la tierra y el
cuerpo, volver al punto de partida,
ni adentro ni afuera, ni arriba ni abajo, al s cruce de caminos,
adonde empiezan los caminos,
porque la luz canta con un rumor de agua, con un rumor
de follaje canta el agua
y el alba está cargada de frutos, el día y la noche reconciliados
fluyen como un río manso,
el día y la noche se acarician largamente como un hombre
y una mujer enamorados,
como un solo río interminable bajo arcos de siglos fluyen
las estaciones y los hombres,
hacia allá, al centro vivo del origen, más allá de fin y
comienzo.

México, 1955

im Sonnenlicht zu baden und die nächtlichen Früchte zu
   essen, die Schrift des Gestirns und des Flusses zu
   buchstabieren,
sich zu erinnern, was das Blut und die Gezeiten sagen, die
   Erde und der Körper, heimzukehren zum
   Ausgangspunkt,
weder innen noch außen, weder oben noch unten: an der
   Wegekreuzung, wo die Wege beginnen,
weil das Licht singt mit einem Rauschen von Wasser, mit
   einem Rauschen von Laub das Wasser singt
und die Frühe prangt mit der Bürde von Früchten, Tag und
   Nacht strömen versöhnt wie ein sanfter Fluß,
Tag und Nacht streicheln sich lange, wie Mann und Frau,
   die sich lieben,
wie ein einziger unaufhörlicher Fluß unter Bogen von
   Jahrhunderten fließen die Jahreszeiten und die Menschen
   dahin,
zur lebendigen Mitte des Ursprungs, jenseits von Ende und
   Beginn.

México, 1955

Piedra de sol

> *La treizième revient... c'est encore la première;*
> *et c'est toujours la seule – ou c'est le seul moment;*
> *car es-tu reine, ô toi, la première ou dernière?*
> *es-tu roi, toi le seul ou le dernier amant?*
> Gerard de Nerval *(Arthémis)*

un sauce de cristal, un chopo de agua,
un alto surtidor que el viento arquea,
un árbol bien plantado mas danzante,
un caminar de río que se curva,
avanza, retrocede, da un rodeo
y llega siempre:
               un caminar tranquilo
de estrella o primavera sin premura,
agua que con los párpados cerrados
mana toda la noche profecías,
unánime presencia en oleaje,
ola tras ola hasta cubrirlo todo,
verde soberanía sin ocaso
como el deslumbramiento de las alas
cuando se abren en mitad del cielo,
un caminar entre las espesuras
de los días futuros y el aciago
fulgor de la desdicha como un ave
petrificando el bosque con su canto
y las felicidades inminentes
entre las ramas que se desvanecen,
horas de luz que pican ya los pájaros,
presagios que se escapan de la mano,

SONNENSTEIN

> *La treizième revient . . . c'est encore la première;*
> *et c'est toujours la seule – ou c'est le seul moment;*
> *car es-tu reine, ô toi, la première ou dernière?*
> *es-tu roi, toi le seul ou le dernier amant?*
> Gérard de Nerval *(Arthémis)*

Weidenbaum aus Kristall, Erle aus Wasser,
ein hoher Springquell, der sich biegt im Winde,
ein Stamm, verwurzelt, der sich löst im Tanze,
das Wandern eines Flusses, der sich windet,
vordrängt, zurückweicht, einen Umweg wandelt
und immer ankommt:
                   stetes stilles Wandern
eines Sterns oder Frühlings ohne Eile,
Wasser, das mit geschloßnen Augenlidern
die ganze Nacht entlang Künftiges kündet,
Gegenwart voller Eintracht im Gewoge,
Welle um Welle, alles überflutend,
grüne Erhabenheit, die niemals endet,
wie das wilde Entzücken, wenn die Flügel
frei sich entfalten inmitten des Himmels,

ein Wandern durch Gestrüpp und wirre Wildnis
der Tage, die uns noch blühn, und den finstren
Schicksalsglanz unsres Unglücks, wie ein Vogel
den ganzen Wald ringsum mit seinem Lied versteinernd,
und die harrenden Glücksbegebenheiten
zwischen den Zweigen allen, die verdunsten,
Stunden aus Licht, nach denen Schnäbel hacken,
Vorbedeutungen, die der Hand entwischen,

una presencia como un canto súbito,
como el viento cantando en el incendio,
una mirada que sostiene en vilo
al mundo con sus mares y sus montes,
cuerpo de luz filtrada por un ágata,
piernas de luz, vientre de luz, bahías,
roca solar, cuerpo color de nube,
color de día rápido que salta,
la hora centellea y tiene cuerpo,
el mundo ya es visible por tu cuerpo,
es transparente por tu transparencia,

voy entre galerías de sonidos,
fluyo entre las presencias resonantes,
voy por las transparencias como un ciego,
un reflejo me borra, nazco en otro,
oh bosque de pilares encantados,
bajo los arcos de la luz penetro
los corredores de un otoño diáfano,

voy por tu cuerpo como por el mundo,
tu vientre es una plaza soleada,
tus pechos dos iglesias donde oficia
la sangre sus misterios paralelos,
mis miradas te cubren como yedra,
eres una ciudad que el mar asedia,
una muralla que la luz divide
en dos mitades de color durazno,
un paraje de sal, rocas y pájaros
bajo la ley del mediodía absorto,

eine Gegenwart, jäh, wie ein Lied aufklingt,
wie der Wind, welcher singt im Feuertoben,
ein Blick, der die Welt erhält in der Schwebe,
die Erde mit den Meeren und Gebirgen,
Leib aus Licht, durch einen Achat gefiltert,
Beine aus Licht, ein Bauch aus Licht, und Buchten,
Sonnenklippe, ein Leib, wie Wolken farbig,
farbig wie ein geschwinder Tag, der losspringt,
die Stunde funkelt und hat einen Leib,
schon ist sichtbar die Welt durch deinen Körper,
durchsichtig klar im Nu durch deine Klarheit,

ich gehe durch Klangfarbengalerien,
fließe im Widerhall der Gegenwarten,
gehe durch Klares weiter wie ein Blinder,
ein Lichtstrahl löscht mich aus, in einem andern
komme ich zur Welt, o Wald aus Zaubersäulen,
unter den Bögen deines Lichtes wandernd,
zieh ich durch Gänge eines klaren Herbstes,

wie durch die Welt geh ich durch deinen Körper,
dein Bauch ist ein Platz, in der Sonne funkelnd,
deine Brüste zwei Kirchen, worinnen das
Blut parallele Mysterien feiert,
meine Blicke bedecken dich wie Efeu,
eine Stadt bist du, die das Meer umzingelt,
eine Wehrmauer, die das Licht zerspaltet
in zwei Hälften von pfirsichzarter Farbe,
eine Landschaft aus Salz, Felsen und Vögeln
unterm Gesetz des stillverzückten Mittags,

vestida del color de mis deseos
como mi pensamiento vas desnuda,
voy por tus ojos como por el agua,
los tigres beben sueño en esos ojos,
el colibrí se quema en esas llamas,
voy por tu frente como por la luna,
como la nube por tu pensamiento,
voy por tu vientre como por tus sueños,

tu falda de maíz ondula y canta,
tu falda de cristal, tu falda de agua,
tus labios, tus cabellos, tus miradas,
toda la noche llueves, todo el día
abres mi pecho con tus dedos de agua,
cierras mis ojos con tu boca de agua,
sobre mis huesos llueves, en mi pecho
hunde raíces de agua un árbol líquido,

voy por tu talle como por un río,
voy por tu cuerpo como por un bosque,
como por un sendero en la montaña
que en un abismo brusco se termina
voy por tus pensamientos afilados
y a la salida de tu blanca frente
mi sombra despeñada se destroza,
recojo mis fragmentos uno a uno
y prosigo sin cuerpo, busco a tientas,

corredores sin fin de la memoria,
puertas abiertas a un salón vacío
donde se pudren todos los veranos,

gekleidet in die Farbe meiner Wünsche,
wandelst du nackt umher, nackt wie mein Denken,
durch deine Augen geh ich wie durchs Wasser,
die Tiger trinken Traum in diesen Augen,
der Kolibri verbrennt in diesen Flammen,
wie durch den Mond geh ich durch deine Stirnwand,
und wie die Wolke zieh ich durch dein Denken,
ich geh dir durch den Leib wie durch die Träume,

dein Maisrock wogt und singt im Wellentakte,
dein Rocksaum aus Kristall, dein Rock aus Wasser,
deine Lippen, dein Haar und deine Blicke,
die Nacht lang regnest du, den ganzen Tag lang,
und öffnest mir die Brust mit Wasserfingern,
schließt mit dem Wassermund mir meine Augen,
regnest auf meine Knochen, in den Brustkorb
senkt mir ein Flutbaum seine Wasserwurzeln,

ich geh durch deinen Wuchs wie durch ein Flußbett,
wie durch den Wald geh ich durch deinen Körper,
so wie auf schmalem Pfade im Gebirge,
der jählings dann an einem Abgrund endet,
geh ich den Saumweg deines feinen Denkens,
und an dem Ausgang deiner weißen Stirn dann
stürzt mein Schatten und bleibt zersplittert liegen,
ich sammle, eins ums andre, meine Teile
und tappe weiter ohne Körper, tastend,

endlose Korridore des Erinnerns,
offene Türen eines leeren Zimmers,
in dem die Sommer alle still verwesen,

las joyas de la sed arden al fondo,
rostro desvanecido al recordarlo,
mano que se deshace si la toco,
cabelleras de arañas en tumulto
sobre sonrisas de hace muchos años,

a la salida de mi frente busco,
busco sin encontrar, busco un instante,
un rostro de relámpago y tormenta
corriendo entre los árboles nocturnos,
rostro de lluvia en un jardín a oscuras,
agua tenaz que fluye a mi costado,

busco sin encontrar, escribo a solas,
no hay nadie, cae el día, cae el año,
caigo con el instante, caigo a fondo,
invisible camino sobre espejos
que repiten mi imagen destrozada,
piso días, instantes caminados,
piso los pensamientos de mi sombra,
piso mi sombra en busca de un instante,
busco una fecha viva como un pájaro,
busco el sol de las cinco de la tarde
templado por los muros de tezontle:
la hora maduraba sus racimos
y al abrirse salían las muchachas
de su entraña rosada y se esparcían
por los patios de piedra del colegio,
alta como el otoño caminaba
envuelta por la luz bajo la arcada
y el espacio al ceñirla la vestía
de una piel más dorada y transparente,

Kleinodien des Durstes heimlich glühen,
ein Antlitz, halb erinnert, schon verschwunden,
Hand, die sich auflöst, wenn ich sie berühre,
Spinnengewimmel, haarig, staubverwoben,
über dem Lächeln längst vergangner Jahre,

ich suche nach dem Ausgang meines Kopfes,
suche nach einem Augenblick, erfolglos,
nach dem Gesicht voll Blitz und Ungewitter,
rennend zwischen den nächtlich schwarzen Bäumen,
Regengesicht in einem finstren Garten,
Wasser, störrisch, an meiner Seite flutend,

ich suche, kann's nicht finden, schreibe einsam,
niemand ist da, der Tag versinkt, ich sinke
mit Jahr und Augenblick hinab zur Tiefe,
über Spiegel, auf unsichtbarem Wege,
wo mein zerstücktes Bildnis mir begegnet,
trete auf Tage, Augenblicke, die ich
gegangen, trete auf Gedanken meines
Schattens, trete den Schatten auf meiner Suche,
ich will ein Datum, lebhaft wie ein Vogel,
die Fünfuhrsonne eines Nachmittages,
lau auf den roten Lavamauern ruhend:
die Stunde ließ dort ihre Trauben reifen,
und als sie aufging, kam die Schar der Mädchen
aus ihrem rosenfarbnen Innern, schwärmte
überm Pflaster des Schulhofs auseinander,
hoch wie der Herbst ging wandernd sie vorüber,
umhüllt vom Licht, dort unter der Arkade,
und sie umgürtend, kleidete der Raum sie
in eine Haut – noch goldener und klarer,

tigre color de luz, pardo venado
por los alrededores de la noche,
entrevista muchacha reclinada
en los balcones verdes de la lluvia,
adolescente rostro innumerable,
he olvidado tu nombre, Melusina,
Laura, Isabel, Perséfona, María,
tienes todos los rostros y ninguno,
eres todas las horas y ninguna,
te pareces al árbol y a la nube,
eres todos los pájaros y un astro,
te pareces al filo de la espada
y a la copa de sangre del verdugo,
yedra que avanza, envuelve y desarraiga
al alma y la divide de sí misma,

escritura de fuego sobre el jade,
grieta en la roca, reina de serpientes,
columna de vapor, fuente en la peña,
circo lunar, peñasco de las águilas,
grano de anís, espina diminuta
y mortal que da penas inmortales,
pastora de los valles submarinos
y guardiana del valle de los muertos,
liana que cuelga del cantil del vértigo,
enredadera, planta venenosa,
flor de resurrección, uva de vida,
señora de la flauta y del relámpago,
terraza del jazmín, sal en la herida,
ramo de rosas para el fusilado,
nieve en agosto, luna del patíbulo,
escritura del mar sobre el basalto,

ein Tiger, lichtgefärbt, ein falbes Rotwild,
durchs nahe, offne Nachtgelände streifend,
ein Mädchen, flüchtig nur gesehen, liegend,
auf grünenden Balkonen grünen Regens,
ein jugendliches Antlitz, niemals zählbar,
vergessen hab ich deinen Namen, Laura,
Melusine, Persephone, Maria,
alle Gesichter hast du, alle, keines,
dem Baume bist du ähnlich und der Wolke,
alle die Vögel bist du und ein Sternlicht,
der Klinge eines Degens bist du ähnlich,
dem Becher Blutes in der Hand des Henkers,
Efeu, der wuchernd vordringt und die Seele
umklammert, ausreißt, von sich selber abtrennt,

Handschrift aus Feuer auf den Jadesteinen,
Spalt in dem Felsblock, Königin der Schlangen,
Säule aus Dampf und Quell, dem Fels entsprungen,
Hof um den Mond, die Felsenburg der Adler,
Aniskorn, winzig kleiner Todesstachel,
der Schmerzen gibt, die nie ein Tod beendet,
Hirtin der Täler auf dem Meeresgrunde
und Hüterin des Tales aller Toten,
Liane, hangend an der Schwindelklippe,
rankende Winde, giftgetränkte Pflanze,
Blume der Auferstehung, Lebenstraube,
Herrin des Flötenrohres und des Blitzstrahls,
Terrasse des Jasmins, Salz in der Wunde,
für den Erschossenen ein Strauß von Rosen,
Schnee im August und Mondlicht auf dem Richtplatz,
Handschrift des Meeres, auf Basalt geschrieben,

escritura del viento en el desierto,
testamento del sol, granada, espiga,

rostro de llamas, rostro devorado,
adolescente rostro perseguido
años fantasmas, días circulares
que dan al mismo patio, al mismo muro,
arde el instante y son un solo rostro
los sucesivos rostros de la llama,
todos los nombres son un solo nombre,
todos los rostros son un solo rostro,
todos los siglos son un solo instante
y por todos los siglos de los siglos
cierra el paso al futuro un par de ojos,

no hay nada frente a mí, sólo un instante
rescatado esta noche, contra un sueño
de ayuntadas imágenes soñado,
duramente esculpido contra el sueño,
arrancado a la nada de esta noche,
a pulso levantado letra a letra,
mientras afuera el tiempo se desboca
y golpea las puertas de mi alma
el mundo con su horario carnicero,

sólo un instante mientras las ciudades,
los nombres, los sabores, lo vivido,
se desmoronan en mi frente ciega,
mientras la pesadumbre de la noche
mi pensamiento humilla y mi esqueleto,
y mi sangre camina más despacio
y mis dientes se aflojan y mis ojos

Handschrift des Windes, in der Wüste lesbar,
der Sonne Testament, Granatfrucht, Ähre,

Gesicht aus Flammen, Angesicht, verschlungen,
junges, verfolgtes, mädchenfrisches Antlitz,
Gespensterjahre, Tage, kreisend, immer
zum selben Hof, zur selben Mauer führend,
es brennt der Augenblick, und nur das eine
Gesicht sind all die Mienen in der Flamme,
alle Gesichter nur das eine Antlitz,
alle Jahrhunderte sind ein Moment nur,
und bis ans Ende aller Ewigkeiten
ist die Zukunft blockiert durch ein Paar Augen,

nichts ist mir gegenüber, ein Moment nur,
losgekauft, heute nacht, und geträumt gegen
einen Traum versammelter Bilderschwärme,
ausgemeißelt mit harter Mühe gegen
den Traum hier, und dem Nichts der Nacht entrissen,
aufgebaut mit den eignen Händen, Letter
um Letter, während draußen die Zeit fortprescht
und die Welt an die Tore meiner Seele
mit blutgierigem Stundenzeiger hämmert,

nichts als ein Augenblick, während die Städte,
die Namen, die Gerüche, das Erlebte
in meiner erblindeten Stirn zerfallen,
während lastende Nacht mit ihrer Schwere
mein Denken niederdrückt und mein Gerippe,
während mein Blut nur langsam weiterwandert
und meine Zähne mürbe werden, meine

se nublan y los días y los años
sus horrores vacíos acumulan,

mientras el tiempo cierra su abanico
y no hay nada detrás de sus imágenes
el instante se abisma y sobrenada
rodeado de muerte, amenazado
por la noche y su lúgubre bostezo,
amenazado por la algarabía
de la muerte vivaz y enmascarada
el instante se abisma y se penetra,
como un puño se cierra, como un fruto
que madura hacia dentro de sí mismo
y a sí mismo se bebe y se derrama
el instante translúcido se cierra
y madura hacia dentro, echa raíces,
crece dentro de mí, me ocupa todo,
me expulsa su follaje delirante,
mis pensamientos sólo son sus pájaros,
su mercurio circula por mis venas,
árbol mental, frutos sabor de tiempo,

oh vida por vivir y ya vivida,
tiempo que vuelve en una marejada
y se retira sin volver el rostro,
lo que pasó no fue pero está siendo
y silenciosamente desemboca
en otro instante que se desvanece:

frente a la tarde de salitre y piedra
armada de navajas invisibles
una roja escritura indescifrable

Augen grau sich umwölken und die Jahre
und Tage ihre leeren Schrecken häufen,

während die Zeit zusammenklappt den Fächer
und nichts mehr da ist hinter ihren Bildern,
versinkt der Augenblick, treibt wieder oben,
rings umlauert vom Tod und bedroht von der
Nacht und ihrem unheimlich hohlen Gähnen,
bedroht vom wild verworrenen Gelärme
des lebenstollen, bunt maskierten Todes,
versinkt der Augenblick, dringt in sich selber,
wie eine Faust sich schließt, wie eine Baumfrucht,
die langsam ihrer eignen Mitte zureift,
der lichtdurchströmte Augenblick verschließt sich
und reift nach innen, ruhig, und schlägt Wurzeln,
keimt in mir auf, besetzt mein ganzes Wesen
und treibt aus mir sein windberauschtes Laubwerk,
meine Gedanken sind nur seine Vögel,
quecksilbern kreist sein Saft durch meine Venen:
Geistbaum und Früchte, um die Zeit zu schmecken,

o Leben, schon gelebt und noch zu leben,
Zeit, die mit hohem Wellengang zurückrollt
und wieder fortgeht, ohne Blick nach hinten,
was geschehen, das war nicht, sondern währt noch
und mündet lautlos ein in einen andern,
den nächsten Augenblick, der sich verflüchtigt:

den Nachmittag vor Augen – Stein, Salpeter –,
mit Messern ausgerüstet, unsichtbaren,
schreibst du mit roten, unlesbaren

escribes en mi piel y esas heridas
como un traje de llamas me recubren,
ardo sin consumirme, busco el agua
y en tus ojos no hay agua, son de piedra,
y tus pechos, tu vientre, tus caderas
son de piedra, tu boca sabe a polvo,
tu boca sabe a tiempo emponzoñado,
tu cuerpo sabe a pozo sin salida,
pasadizo de espejos que repiten
los ojos del sediento, pasadizo
que vuelve siempre al punto de partida
y tú me llevas ciego de la mano
por esas galerías obstinadas
hacia el centro del círculo y te yergues
como un fulgor que se congela en hacha,
como luz que desuella, fascinante
como el cadalso para el condenado,
flexible como el látigo y esbelta
como un arma gemela de la luna,
y tus palabras afiladas cavan
mi pecho y me despueblan y vacían,
uno a uno me arrancas los recuerdos,
he olvidado mi nombre, mis amigos
gruñen entre los cerdos o se pudren
comidos por el sol en un barranco,

no hay nada en mí sino una larga herida,
una oquedad que ya nadie recorre,
presente sin ventanas, pensamiento
que vuelve, se repite, se refleja
y se pierde en su misma transparencia,
conciencia traspasada por un ojo

Zügen auf meine Haut, und diese Wunden
bedecken mich mit einem Kleid aus Flammen,
ich brenne, ohne zu vergehen, und suche
Wasser, doch deine Augen sind zwei Steine,
und Stein sind deine Brüste, Schoß und Hüften,
steinern alles, dein Mund – er schmeckt nach Staub nur,
schmeckt nach verdorbner Zeit, verfault, vergiftet,
ein Brunnenschacht dein Körper, ohne Ausgang,
ein Gang aus Spiegelwänden, wo die Augen
des Dürstenden sich selber stets begegnen,
Gang, der immer zum Ausgangspunkt zurückführt,
und du, du führst mich Blinden an den Händen
durch diese ewig starren Galerien
zum Mittelpunkt des Kreises, und zuckst jählings
auf wie ein Glanz, zu einer Axt gefrierend,
wie Licht, das Fleisch entblößend, faszinierend,
wie das Schafott den Todeskandidaten,
biegbar wie eine Peitsche, schlank wie eine
Waffe, schimmernde Zwillingin des Mondes,
und deine Worte, scharf wie Klingen, höhlen
mir die Brust aus, entvölkern mir die Sinne,
du raubst mir mein Erinnern, eins ums andre,
vergessen sind die Namen, meine Freunde,
sie grunzen unter Schweinen oder modern,
von Sonnenlicht zerfressen, in der Bergschlucht,

nichts ist in mir als eine tiefe Wunde,
eine Höhlung, die niemand ausmißt, niemand,
Gegenwart ohne Fenster, und ein Denken,
das im Kreis geht, sich wiederholt, sich spiegelt
und sich verliert in seiner eignen Klarheit,
ein Bewußtsein, durchbohrt von einem Auge,

que se mira mirarse hasta anegarse
de claridad:
            yo vi tu atroz escama,
Melusina, brillar verdosa al alba,
dormías enroscada entre las sábanas
y al despertar gritaste como un pájaro
y caíste sin fin, quebrada y blanca,
nada quedó de ti sino tu grito,
y al cabo de los siglos me descubro
con tos y mala vista, barajando
viejas fotos:
            no hay nadie, no eres nadie,
un montón de ceniza y una escoba,
un cuchillo mellado y un plumero,
un pellejo colgado de unos huesos,
un racimo ya seco, un hoyo negro
y en el fondo del hoyo los dos ojos
de una niña ahogada hace mil años,

miradas enterradas en un pozo,
miradas que nos ven desde el principio,
mirada niña de la madre vieja
que ve en el hijo grande un padre joven,
mirada madre de la niña sola
que ve en el padre grande un hijo niño,
miradas que nos miran desde el fondo
de la vida y son trampas de la muerte
– ¿o es al revés: caer en esos ojos
es volver a la vida verdadera?,

¡caer, volver, soñarme y que me sueñen
otros ojos futuros, otra vida,

das schaut ins eigne Schauen, bis es aufgeht
in Helle:
          deine Schuppen, Melusine,
sah ich grünlich im Frühlicht gleißen, schaudernd,
du schliefest eingerollt in deinen Laken,
und beim Erwachen schriest du wie ein Vogel
und stürztest endlos ab, weiß und zerbrochen,
nichts blieb von dir, allein dein Schrei nur,
und dann, am Ende aller Zeiten, finde
ich mich wieder, kurzsichtig, unter Husten
in alten Fotos wühlend:
                        da ist niemand,
du bist niemand, ein Aschehaufen, Kehrwisch,
ein stumpfes Messer und ein Federwedel,
Gehäute, aufgehängt an ein paar Knochen,
eine verdorrte Traube, schwarze Grube,
und auf dem Grund der Grube die zwei Augen
des Mädchens, das ertrank vor tausend Jahren,

Blicke, begraben in der Brunnentiefe,
Blicke, die uns betrachten aus dem Ursprung,
der Mädchenblick von einer alten Mutter,
die in dem großen Sohn erkennt den jungen
Vater, der Mutterblick des kleinen Mädchens,
das in dem großen Vater sieht ein Söhnlein,
Blicke, vom Grund des Lebens auf uns schauend
als stille Todesfallen – oder ist es
grad umgekehrt: in diese Augen fallen,
heißt das ins wahre Leben wiederkehren?,

fallen und wiederkehren, träumen, mich und
daß andre, künftige Augen mich träumen,

otras nubes, morirme de otra muerte!
– esta noche me basta, y este instante
que no acaba de abrirse y revelarme
dónde estuve, quién fui, cómo te llamas,
cómo me llamo yo:
                  ¿hacía planes
para el verano – y todos los veranos –
en Christopher Street, hace diez años,
con Filis que tenía dos hoyuelos
donde bebían luz los gorriones?,
¿por la Reforma Carmen me decía
"no pesa el aire, aquí siempre es octubre",
o se lo dijo a otro que he perdido
o yo lo invento y nadie me lo ha dicho?,
¿caminé por la noche de Oaxaca,
inmensa y verdinegra como un árbol,
hablando solo como el viento loco
y al llegar a mi cuarto – siempre un cuarto –
no me reconocieron los espejos?,
¿desde el hotel Vernet vimos al alba
bailar con los castaños – "ya es muy tarde"
decías al peinarte y yo veía
manchas en la pared, sin decir nada?,
¿subimos juntos a la torre, vimos
caer la tarde desde el arrecife?,
¿comimos uvas en Bidart?, ¿compramos
gardenias en Perote?,
                      nombres, sitios,
calles y calles, rostros, plazas, calles,
estaciones, un parque, cuartos solos,
manchas en la pared, alguien se peina,
alguien canta a mi lado, alguien se viste,

ein andres Leben, andre Wolken, daß ich
sterbe an andrem Tod!
                    – mir genügt diese
Nacht, dieser Augenblick, der unaufhörlich
sich auftut, mir enthüllt, wo ich gewesen,
wer ich war, wie du heißt und wie ich heiße:
machte ich Pläne für den Sommer – alle
Sommer –, dort, Christopher Street, vor zehn Jahren,
mit Phyllis, die zwei Wangengrübchen hatte,
an denen Spatzen Tropfen Lichtes tranken?,
sagte Carmen zu mir auf der Reforma:
»Die Luft ist leicht, immer ist hier Oktober«,
oder sagte sie das zu einem andern,
den ich verlor, hab ich es bloß erfunden?,
bin ich gewandert durch die Nacht Oaxacas,
endlos und schwarzgrün wie ein Baumgewölbe,
nur in das Dunkel redend wie der Irrwind,
und dann beim Eintritt in mein Zimmer – stets ein
Zimmer – erkannten mich die Spiegel nimmer?,
sahen wir vorm Hotel Vernet das Frühlicht
mit den Kastanien tanzen – »es ist spät schon«,
sagtest du mir, dich kämmend, ich erblickte
Flecken an den vier Wänden, sah sie wortlos?,
stiegen wir auf den Turm, wir beiden, sahen
wir nicht den Abend sinken, dort, vom Staudamm?,
aßen wir Trauben in Bidart und kauften
Gardenien in Perote?,
                    Namen, Orte,
Straßen, Straßen, Gesichter, Plätze, Straßen,
Jahreszeiten, ein Park, einsame Zimmer,
Flecken an den vier Wänden, jemand kämmt sich,
jemand singt da bei mir, schlüpft in die Kleider,

cuartos, lugares, calles, nombres, cuartos,

Madrid, 1937,
en la Plaza del Ángel las mujeres
cosían y cantaban con sus hijos,
después sonó la alarma y hubo gritos,
casas arrodilladas en el polvo,
torres hendidas, frentes escupidas
y el huracán de los motores, fijo:
los dos se desnudaron y se amaron
por defender nuestra porción eterna,
nuestra ración de tiempo y paraíso,
tocar nuestra raíz y recobrarnos,
recobrar nuestra herencia arrebatada
por ladrones de vida hace mil siglos,
los dos se desnudaron y besaron
porque las desnudeces enlazadas
saltan el tiempo y son invulnerables,
nada las toca, vuelven al principio,
no hay tú ni yo, mañana, ayer ni nombres,
verdad de dos en sólo un cuerpo y alma,
oh ser total . . .
                cuartos a la deriva
entre ciudades que se van a pique,
cuartos y calles, nombres como heridas,
el cuarto con ventanas a otros cuartos
con el mismo papel descolorido
donde un hombre en camisa lee el periódico
o plancha una mujer; el cuarto claro
que visitan las ramas del durazno;
el otro cuarto: afuera siempre llueve
y hay un patio y tres niños oxidados;

Zimmer und Orte, Straßen, Namen, Zimmer,

Madrid war's, 1937,
auf der Plaza del Angel nähten Frauen,
nähten und sangen dort mit ihren Kindern,
später kam der Alarm, und es gab Schreie,
Häuser, ins Knie gebrochen, tief im Staube,
Türme, zerspalten, und erbrochne Stirnen,
drüber das starre Stürmen der Motoren:
die zwei legten die Kleider ab und liebten
sich, um unseren Anteil zu behaupten,
den ewigen, unsre Ration an Zeit und
Paradies, unsre Wurzeln zu berühren,
uns wiederzuerwerben unser Erbe,
das man vor tausend Jahren uns entrissen,
die zwei legten die Kleider ab und küßten
sich, denn die verflochtene Nacktheit beider
überspringt alle Zeit, ist unverletzlich,
nichts berührt sie, sie kehren heim zum Anfang,
da ist kein Du, kein Ich, kein Morgen, Gestern,
nur namenlose Wahrheit, zweifach einig
Körper und Seele, volles Dasein ...
                                            Zimmer,
treibend zwischen den Städten, die versinken,
Zimmer und Straßen, Namen wie von Wunden,
ein Zimmer mit dem Blick auf andre Zimmer
mit der gleichen verblichenen Tapete,
wo hemdsärmlig ein Mann die Zeitung anstarrt,
eine Frau hantiert mit dem Bügeleisen;
oder das heitere Zimmer, von Ästen
des Pfirsichbaums besucht; und jenes andre:
draußen regnet es immer, in den Patio,

cuartos que son navíos que se mecen
en un golfo de luz; o submarinos:
el silencio se esparce en olas verdes,
todo lo que tocamos fosforece;
mausoleos del lujo, ya roídos
los retratos, raídos los tapetes;
trampas, celdas, cavernas encantadas,
pajareras y cuartos numerados,
todos se transfiguran, todos vuelan,
cada moldura es nube, cada puerta
da al mar, al campo, al aire, cada mesa
es un festín; cerrados como conchas
el tiempo inútilmente los asedia,
no hay tiempo ya, ni muro: ¡espacio, espacio,
abre la mano, coge esta riqueza,
corta los frutos, come de la vida,
tiéndete al pie del árbol, bebe el agua!,

todo se transfigura y es sagrado,
es el centro del mundo cada cuarto,
es la primera noche, el primer día,
el mundo nace cuando dos se besan,
gota de luz de entrañas transparentes
el cuarto como un fruto se entreabre
o estalla como un astro taciturno
y las leyes comidas de ratones,
las rejas de los bancos y las cárceles,
las rejas de papel, las alambradas,
los timbres y las púas y los pinchos,
el sermón monocorde de las armas,
el escorpión meloso y con bonete,
el tigre con chistera, presidente

auf drei rostige Kinder; Zimmer-Schiffe,
schaukelnd in einer Lichtbucht; und U-Boote:
in grünen Wellenringen wächst das Schweigen,
was man auch anfaßt, schimmert fahl wie Phosphor;
Mausoleen des Luxus, wurmzerfressen
die Porträts, schäbig längst die Draperien;
Fallgruben, Zellen, zauberhafte Höhlen,
Vogelbauer und numerierte Zimmer –
alle verwandeln sich, schlagen mit Flügeln,
jeder Sims ist Wolke, und jede Türe
führt zum Meer, in die Luft, in freie Landschaft,
jeder Tisch ist ein Festmahl; und wie Muscheln
verschlossen, widerstehen sie dem Ansturm
der Zeit; denn da ist weder Zeit noch Mauer:
Raum nur, Raum!, mach die Hand auf, faß den Reichtum,
schneide die Früchte ab und iß vom Leben,
streck dich aus unterm Baum und trink das Wasser!,

alles verwandelt sich und ist geheiligt,
Mitte der Welt ist jedes Zimmer, jedes
die allererste Nacht, der Tag des Anfangs,
geboren wird die Welt, wenn zwei sich küssen,
nichts als ein Tropfen Licht von klarer Fülle,
ein Zimmer, das wie reifes Fruchtfleisch aufklafft
oder zerspringt, so wie ein stiller Stern birst
und die Gesetzeswerke, Fraß der Mäuse,
das Gitterwerk der Banken und der Kerker,
die Gitter aus Papier, die Drahtverhaue,
die Stempel und die Dornen und die Stacheln,
die sture Predigt aus den Waffenläufen,
der honigsüße Skorpion im Chorhemd,
der Tiger mit Zylinder, Präsident der

del Club Vegetariano y la Cruz Roja,
el burro pedagogo, el cocodrilo
metido a redentor, padre de pueblos,
el Jefe, el tiburón, el arquitecto
del porvenir, el cerdo uniformado,
el hijo predilecto de la Iglesia
que se lava la negra dentadura
con el agua bendita y toma clases
de inglés y democracia, las paredes
invisibles, las máscaras podridas
que dividen al hombre de los hombres,
al hombre de sí mismo,
                            se derrumban
por un instante inmenso y vislumbramos
nuestra unidad perdida, el desamparo
que es ser hombres, la gloria que es ser hombres
y compartir el pan, el sol, la muerte,
el olvidado asombro de estar vivos;

amar es combatir, si dos se besan
el mundo cambia, encarnan los deseos,
el pensamiento encarna, brotan alas
en las espaldas del esclavo, el mundo
es real y tangible, el vino es vino,
el pan vuelve a saber, el agua es agua,
amar es combatir, es abrir puertas,
dejar de ser fantasma con un número
a perpetua cadena condenado
por un amo sin rostro;
                            el mundo cambia
si dos se miran y se reconocen,
amar es desnudarse de los nombres:

Vegetarier, Boß des Roten Kreuzes,
der Esel auf dem Lehrstuhl, das zum Heiland
erklärte Krokodil, Vater der Völker,
der Führer, der Haifisch, der Architekt der
Zukunft, das große Schwein im Uniformhemd,
der auserwählte Lieblingssohn der Kirche,
der sich die schwarzen Zähne mit geweihtem
Wasser reinigt und Stunden nimmt in Englisch
und in Demokratie, die unsichtbaren
Wände, all die verfaulten, feilen Masken,
die einen Menschen trennen von den Menschen,
den einen von sich selber,
     alle fallen
im unermeßlich klaren Augenblick, wir ahnen
die Einigkeit, die wir verloren; wieviel
Verlassenheit das ist: als Menschen leben,
und wieviel Wonne: Brot und Sonne teilen,
den Tod, das neue Staunen: daß wir da sind;

Lieben ist Kämpfen, und wenn zwei sich küssen,
verändert sich die Welt, die Wünsche werden
Fleisch, leiblich wird das Denken, Flügel wachsen
aus nackten Sklavenschultern, wirklich, greifbar
ist nun die Welt geworden, Wein ist Wein jetzt,
das Brot schmeckt wieder, Wasser ist das Wasser,
Lieben ist Kämpfen, ist ein Türenöffnen,
nicht länger ein Gespenst sein mit der Nummer,
für ewig an die Kette angeschmiedet
von einem antlitzlosen Herren:
     verändert
wird die Erde, wenn zwei sich sehen, zwei sich
erkennen; Lieben heißt: die Namen ausziehn:

"déjame ser tu puta", son palabras
de Eloísa, mas él cedió a las leyes,
la tomó por esposa y como premio
lo castraron después;
                    mejor el crimen,
los amantes suicidas, el incesto
de los hermanos como dos espejos
enamorados de su semejanza,
mejor comer el pan envenenado,
el adulterio en lechos de ceniza,
los amores feroces, el delirio,
su yedra ponzoñosa, el sodomita
que lleva por clavel en la solapa
un gargajo, mejor ser lapidado
en las plazas que dar vuelta a la noria
que exprime la sustancia de la vida,
cambia la eternidad en horas huecas,
los minutos en cárceles, el tiempo
en monedas de cobre y mierda abstracta:

mejor la castidad, flor invisible
que se mece en los tallos del silencio,
el difícil diamante de los santos
que filtra los deseos, sacia al tiempo,
nupcias de la quietud y el movimiento,
canta la soledad en su corola,
pétalo de cristal es cada hora,
el mundo se despoja de sus máscaras
y en su centro, vibrante transparencia,
lo que llamamos Dios, el ser sin nombre,
se contempla en la nada, el ser sin rostro
emerge de sí mismo, sol de soles,

»Laß du mich deine Hure sein«, so sagte
Héloise, aber er tat nach dem Rechte,
nahm sie zur Gattin, und zum Lohn entmannten
ihn dann die Leute;
               lieber das Verbrechen,
Selbstmord der beiden Liebenden, Blutschande
der Geschwister – zwei Spiegel, sich verfallend
im Wechselblick verzückter Ähnlichkeiten –,
lieber das giftgetränkte Brot verzehren,
lieber der Ehebruch in Aschenbetten,
rasende Leidenschaften, Fieberwahnsinn,
wild umschlungen vom Würgegriff des Efeus,
der Sodomit, der statt der Nelke einen
Schleimbatzen am Revers trägt, ja gesteinigt
lieber auf offnem Marktplatz, als den Göpel
im Kreise treiben, der den Stoff des Lebens
ausquetscht, die Ewigkeit zu hohlen Stunden
macht, Minuten zu Kerkern, Zeit des Lebens
zu Kupfermünzen und abstraktem Scheißdreck;

lieber die Keuschheit, unsichtbare Blüte,
sich wiegend auf den Stengeln tiefer Stille,
der Diamant der Heiligen, Asketen,
der alle Sehnsucht filtert, stillt die Zeiten,
der Hochzeitsbund von Ruhe und Bewegung:
es singt die Einsamkeit in ihrer Krone,
kristallnes Blütenblatt ist jede Stunde,
die Welt läßt ihre Maskenhüllen fallen,
und mitten in ihr, Schwingung reinster Klarheit,
das, was wir Gott genannt, Sein ohne Namen,
betrachtet sich im Nichts, Sein ohne Antlitz,
taucht aus sich selbst empor, der Sonnen Sonne,

plenitud de presencias y de nombres;

sigo mi desvarío, cuartos, calles,
camino a tientas por los corredores
del tiempo y subo y bajo sus peldaños
y sus paredes palpo y no me muevo,
vuelvo adonde empecé, busco tu rostro,
camino por las calles de mí mismo
bajo un sol sin edad, y tú a mi lado
caminas como un árbol, como un río,
caminas y me hablas como un río,
creces como una espiga entre mis manos,
lates como una ardilla entre mis manos,
vuelas como mil pájaros, tu risa
me ha cubierto de espumas, tu cabeza
es un astro pequeño entre mis manos,
el mundo reverdece si sonríes
comiendo una naranja,
                        el mundo cambia
si dos, vertiginosos y enlazados,
caen sobre la yerba: el cielo baja,
los árboles ascienden, el espacio
sólo es luz y silencio, sólo espacio
abierto para el águila del ojo,
pasa la blanca tribu de las nubes,
rompe amarras el cuerpo, zarpa el alma,
perdemos nuestros nombres y flotamos
a la deriva entre el azul y el verde,
tiempo total donde no pasa nada
sino su propio transcurrir dichoso,

no pasa nada, callas, parpadeas

Fülle von Gegenwarten und von Namen;

ich gehe fiebernd weiter – Zimmer, Straßen –,
tappe im Dunkel durch die Korridore
der Zeit, steige hinauf, hinab die Stufen,
betaste Wände, bleibe reglos stehen,
kehre zurück zum Ausgangspunkt und suche
dein Gesicht, wandernd durch die Gassen meines
Wesens, unter der alterslosen Sonne,
und du, an meiner Seite, wanderst wie ein
Baum, wie ein Fluß wanderst du, redest wandernd
mit mir, ein Fluß, wie eine Ähre wächst du
in meinen Händen, zuckst wie ein Eichhörnchen
in meinen Händen, fliegst wie tausend Vögel,
dein Lachen überschüttet mich mit Meerschaum,
dein Kopf ist ein faßlicher Stern in meinen
Händen, und neu ergrünt die Welt, wenn lächelnd
du die Orange ißt,
        die Welt wird anders,
wenn zwei, taumelnd umschlungen, niederfallen
ins Gras: der Himmel kommt herab, die Bäume
steigen empor, nichts als Licht ist der Luftraum,
lautloses Licht, nichts als freier Luftraum,
weit offen für den Flug des Augenadlers,
weiß zieht die Völkerschaft der Wolken weiter,
der Körper kappt die Taue, Anker lichtet
die Seele, wir verlieren unsre Namen,
lassen uns treiben zwischen Grün und Bläue,
erfüllte Zeit, in der sich nichts ereignet,
nichts als ihr eignes glückliches Verströmen,

und nichts ereignet sich, du schweigst, du blinzelst

(silencio: cruzó un ángel este instante
grande como la vida de cien soles),
¿no pasa nada, sólo un parpadeo?
– y el festín, el destierro, el primer crimen,
la quijada del asno, el ruido opaco
y la mirada incrédula del muerto
al caer en el llano ceniciento,
Agamenón y su mugido inmenso
y el repetido grito de Casandra
más fuerte que los gritos de las olas,
Sócrates en cadenas (el sol nace,
morir es despertar: »Critón, un gallo
a Esculapio, ya sano de la vida«),
el chacal que diserta entre las ruinas
de Nínive, la sombra que vio Bruto
antes de la batalla, Moctezuma
en el lecho de espinas de su insomnio,
el viaje en la carreta hacia la muerte
– el viaje interminable mas contado
por Robespierre minuto trans minuto,
la mandíbula rota entre las manos –,
Churruca en su barrica como un trono
escarlata, los pasos ya contados
de Lincoln al salir hacia el teatro,
el estertor de Trotski y sus quejidos
de jabalí, Madero y su mirada
que nadie contestó: ¿por qué me matan?,
los carajos, los ayes, los silencios
del criminal, el santo, el pobre diablo,
cementerios de frases y de anécdotas
que los perros retóricos escarban,
el delirio, el relincho, el ruido oscuro

(Stille: ein Engel kreuzte die Sekunde,
weit wie das Leben Hunderter von Sonnen),
und nichts ereignet sich, nichts als ein Blinzeln?
– und das Festmahl, Verbannung, erste Untat,
der Kinnbacken des Esels, düsteres Lärmen,
und jener fassungslose Blick des Toten,
als er zurückfällt in die Aschensteppe,
Agamemnon, sein schauderhaftes Brüllen,
und der Kassandra Schrei, der wiederholte,
der Wellen Schreie weithin übertönend,
in Ketten Sokrates (da kommt die Sonne,
Sterben, das ist Erwachen: »Kriton, einen
Hahn für den Äskulap, denn ich genese
vom Leben«), der Schakal, in den Ruinen
von Ninive dozierend, und der Schatten,
den Brutus vor der Schlacht sah, Montezuma
in seinem Dornenbett durchwachter Nächte,
holprige Karrenfahrt dem Tod entgegen
– lange, endlose Fahrt, deren Minuten
Robespierre doch zählt, jedwede einzeln,
seinen zerschlagnen Kiefer in den Händen –,
Churruca auf der Tonne, wie auf einem
scharlachroten Thron, Lincolns letzte Schritte,
als er ausstieg und eintrat ins Theater,
das Röcheln Trotzkis, Stöhnen eines wunden
Ebers, Madero und sein Blick, dem niemand
mehr Antwort gibt: warum will man mich töten?,
die rohen Flüche, Seufzer, Schweigestunden
des Verbrechers, des Heiligen, des armen
Teufels, die Friedhöfe der Phrasen und der
Anekdoten, zerscharrt von geilen Hunden
der Rhetorik, das Faseln, Wiehern, dunkle

que hacemos al morir y ese jadeo
de la vida que nace y el sonido
de huesos machacados en la riña
y la boca de espuma del profeta
y su grito y el grito del verdugo
y el grito de la víctima . . .
                              son llamas
los ojos y son llamas lo que miran,
llama la oreja y el sonido llama,
brasa los labios y tizón, la lengua,
el tacto y lo que toca el pensamiento
y lo pensado, llama el que lo piensa,
todo se quema, el universo es llama,
arde la misma nada que no es nada
sino un pensar en llamas, al fin humo:
no hay verdugo ni víctima . . .
                              ¿y el grito
en la tarde del viernes?, y el silencio
que se cubre de signos, el silencio
que dice sin decir, ¿no dice nada?,
¿no son nada los gritos de los hombres?,
¿no pasa nada cuando pasa el tiempo?

– no pasa nada, sólo un parpadeo
del sol, un movimiento apenas, nada,
no hay redención, no vuelve atrás el tiempo,
los muertos están fijos en su muerte
y no pueden morirse de otra muerte,
intocables, clavados en su gesto,
desde su soledad, desde su muerte
sin remedio nos miran sin mirarnos,
su muerte ya es la estatua de su vida,

Lärmen, das wir beim Sterben von uns geben,
und jenes Keuchen kaum gebornen Lebens,
das Knirschen der im Streit zermalmten Knochen
und der mit Schaum bedeckte Mund des Sehers
und sein Prophetenschrei, der Schrei des Henkers
und dann der Schrei des Opfers . . .
                              Flammen sind die
Augen, und Flammen alles, was sie sehen,
Flamme das Ohr und jedes Tönen Flamme,
Rotglut die Lippen, schwarzes Scheit die Zunge,
Berührung und das Angerührte, Denken
und das Gedachte und der Denker: Flamme,
alles verbrennt, das Weltall: nichts als Flamme,
es lodert noch das Nichts, das doch kein Nichts ist,
sondern ein Flammen-Denken, Rauch am Ende:
kein Henker und kein Opfer . . .
                              Und der Schrei
am Freitagnachmittag, das Schweigen, das mit
Zeichen sich bedeckt, Schweigen, das beredt ist
auch ohne alle Worte – sagt es gar nichts?,
sind sie denn nichts, die Schreie all der Menschen?
Geht denn nichts vor in diesem Zeitvergehen?

– nichts, nichts ereignet sich, allein ein Blinzeln
der Sonne, kaum eine Bewegung, gar nichts,
keine Erlösung, nichts kehrt heim zum Anfang,
die Toten stecken starr in ihrem Tode
und können keinen andern Tod mehr sterben,
unberührbar, gebannt in ihre Miene,
sehen sie aus der Einsamkeit, aus ihrem
Tode hilflos uns an, aus leeren Augen,
ihr Tod ist schon das Standbild ihres Lebens,

un siempre estar ya nada para siempre,
cada minuto es nada para siempre,
un rey fantasma rige tus latidos
y tu gesto final, tu dura máscara
labra sobre tu rostro cambiante:
el monumento somos de una vida
ajena y no vivida, apenas nuestra,

– ¿la vida, cuándo fue de veras nuestra?,
¿cuándo somos de veras lo que somos?,
bien mirado no somos, nunca somos
a solas sino vértigo y vacío,
muecas en el espejo, horror y vómito,
nunca la vida es nuestra, es de los otros,
la vida no es de nadie, todos somos
la vida – pan de sol para los otros,
los otros todos que nosotros somos –,
soy otro cuando soy, los actos míos
son más míos si son también de todos,
para que pueda ser he de ser otro,
salir de mí, buscarme entre los otros,
los otros que no son si yo no existo,
los otros que me dan plena existencia,
no soy, no hay yo, siempre somos nosotros,
la vida es otra, siempre allá, más lejos,
fuera de ti, de mí, siempre horizonte,
vida que nos desvive y enajena,
que nos inventa un rostro y lo desgasta,
hambre de ser, oh muerte, pan de todos,

Eloísa, Perséfona, María,
muestra tu rostro al fin para que vea

ein immer gleiches Nicht-Sein und für immer,
jede Minute ist nun nichts für immer,
ein Phantomfürst bestimmt jetzt deinen Herzschlag,
fixiert die letzte Miene, formt die harte Maske
dann über deinem wechselreichen Antlitz:
wir sind das Monument von einem fremden
und ungelebten Leben, fast nicht unser,

das Leben – wann denn war es wahrhaft unser?,
wann sind wir, was wir sind, in Wahrheit, wirklich?,
einzeln sind wir, genau betrachtet, niemals
was anderes als Taumel, Schwindel, Leere,
Spiegelfratzen, Entsetzen und Erbrechen,
nie ist das Leben unser, stets von andern,
das Leben eignet keinem, alle sind wir
das Leben – Sonnenbrot für alle andern,
all diese andern, die wir sind, wir selber –,
ich bin ein andrer, wenn ich bin, und meine
Taten sind mehr noch mein, sind sie auch aller,
um selbst zu sein, muß ich ein andrer werden,
mich selbst verlassen und mich suchen unter
den andern, die nicht sind, wenn ich nicht da bin,
den andern, die mir volles Dasein geben,
ich bin nicht, Ich gibt es nicht, immer sind wir
als wir, das Leben ist ein andres, immer
jenseits von dir, von mir, nur Horizont stets,
Leben, das uns verlebt und uns entfremdet,
uns ein Gesicht erfindet, es verwittert,
Hunger nach Sein, o Tod, das Brot von allen,

Eloise, Persephone, Maria,
zeig mir dein Antlitz endlich, daß ich sehe

mi cara verdadera, la del otro,
mi cara de nosotros siempre todos,
cara de árbol y de panadero,
de chófer y de nube y de marino,
cara de sol y arroyo y Pedro y Pablo,
cara de solitario colectivo,
despiértame, ya nazco:
                          vida y muerte
pactan en ti, señora de la noche,
torre de claridad, reina del alba,
virgen lunar, madre del agua madre,
cuerpo del mundo, casa de la muerte,
caigo sin fin desde mi nacimiento,
caigo en mí mismo sin tocar mi fondo,
recógeme en tus ojos, junta el polvo
disperso y reconcilia mis cenizas,
ata mis huesos divididos, sopla
sobre mi ser, entiérrame en tu tierra,
tu silencio dé paz al pensamiento
contra sí mismo airado;
                          abre la mano,
señora de semillas que son días,
el día es inmortal, asciende, crece,
acaba de nacer y nunca acaba,
cada día es nacer, un nacimiento
es cada amanecer y yo amanezco,
amanecemos todos, amanece
el sol cara de sol, Juan amanece
con su cara de Juan cara de todos,

puerta del ser, despiértame, amanece,
déjame ver el rostro de este día,

mein wirkliches Gesicht, das von dem andern,
mein Angesicht von uns, uns allen immer,
Gesicht des Baumes und Gesicht des Bäckers,
eines Chauffeurs, der Wolke und des Seemanns,
Gesicht von Sonne, Bach, von Pedro, Pablo,
Gesicht des einsam-kollektiven Einen,
wecke mich auf, ich komme zur Welt:
                                    Leben
und Tod verbünden sich in dir, Herrin der
Nacht, Turm der Klarheit, Königin der Frühe,
Mondjungfrau, Mutter alles mütterlichen
Wassers, Körper der Welt und Haus des Todes,
ich falle von Geburt an ohne Ende,
falle in mich selbst, ohne Grund zu finden,
nimm mich in deine Augen auf, vereine
meinen zerstreuten Staub, versöhne
meine Asche, binde meine zerteilten Knochen,
hauche über mein Sein, in deiner Erde
begrabe mich, dein Schweigen gebe Frieden
dem Denken, das sich selbst zerwütet;
                                    Öffne
die Hand, Herrin der Saat, der Samen-Tage,
unsterblich ist der Tag, er hebt sich, wächst, wird
endlich geboren, ohne je zu enden,
jeder Tag ist Geburt, Geborenwerden
ein jeder Morgen, und ich selber tage,
alle tagen wir schon, und herauf kommt die
Sonne mit ihrem Sonnengesicht, Juan kommt
mit dem Gesicht von Juan, Gesicht von allen,

Türe des Sein, erwecke mich, erscheine,
laß mich sehen das Antlitz dieses Tages,

déjame ver el rostro de esta noche,
todo se comunica y transfigura,
arco de sangre, puente de latidos,
llévame al otro lado de esta noche,
adonde yo soy tú somos nosotros,
al reino de pronombres enlazados,

puerta del ser: abre tu ser, despierta,
aprende a ser también, labra tu cara,
trabaja tus facciones, ten un rostro
para mirar mi rostro y que te mire,
para mirar la vida hasta la muerte,
rostro de mar, de pan, de roca y fuente,
manantial que disuelve nuestros rostros
en el rostro sin nombre, el ser sin rostro,
indecible presencia de presencias . . .

quiero seguir, ir más allá, y no puedo:
se despeñó el instante en otro y otro,
dormí sueños de piedra que no sueña
y al cabo de los años como piedras
oí cantar mi sangre encarcelada,
con un rumor de luz el mar cantaba,
una a una cedían las murallas,
todas las puertas se desmoronaban
y el sol entraba a saco por mi frente,
despegaba mis párpados cerrados,
desprendía mi ser de su envoltura,
me arrancaba de mí, me separaba
de mi bruto dormir siglos de piedra
y su magia de espejos revivía
un sauce de cristal, un chopo de agua,

laß mich sehen das Antlitz dieser Nacht nun,
alles verbindet sich, in steter Wandlung,
Bogen des Blutes, Brückenschlag des Pulses,
führ mich zum andern Ufer dieser Nacht dort,
wo ich du bin, wir jeder wahrhaft wir sind,
hin zu dem Reich verflochtener Pronomen,

Türe des Seins: schließ auf dein Sein, erwache,
lerne auch du zu sein, form dein Gesicht dir,
arbeite deine Züge aus, besitze
Gesicht, daß du das meine ansiehst und ich
deines, das Leben schauend bis zum Tode,
Gesicht von Meer, von Brot, von Fels und Brunnen,
Quellstrom, in dem sich lösen unsre Mienen
zum Antlitz Namenlos, Sein ohne Antlitz,
sprachlose Gegenwart von Gegenwárten . . .

ich möchte weiter, weiter gehn und kann nicht,
der Augenblick fiel in den nächsten, tiefer,
ich lag im Traum von Stein, der keinen Traum kennt,
und da, am Ende der versteinten Jahre,
hört' ich mein Blut in seinem Kerker singen,
Es sang das Meer mit einem lichten Rauschen,
die Mauern wichen, eine nach der andern,
alle Türen zerbrachen, und die Sonne
drang jäh in meine Stirn ein, sengend, plündernd,
zwang auseinander die verklebten Lider,
zerfetzte die Verschnürung meines Wesens,
raubte mich meinem Selbstsein, sie entriß mich
meinem jahrhundertalten, dumpfen Steinschlaf,
und aufs neue erstand ihr Spiegelzauber,
Weidenbaum aus Kristall, Erle aus Wasser,

un alto surtidor que el viento arquea,
un árbol bien plantado más danzante,
un caminar de río que se curva,
avanza, retrocede, da un rodeo
y llega siempre:

México, 1957

ein hoher Springquell, der sich biegt im Winde,
ein Stamm, verwurzelt, der sich löst im Tanze,
das Wandern eines Flusses, der sich windet,
vordrängt, zurückweicht, einen Umweg wandelt
und immer ankommt:

México, 1957

MADRUGADA

Rápidas manos frías
Retiran una a una
Las vendas de la sombra
Abro los ojos
    Todavía
Estoy vivo
   En el centro
De una herida todavía fresca

TAGESANBRUCH

Schnelle kühle Hände
Nehmen Windung um Windung
Die Schattenbinden ab
Ich öffne die Augen
                Noch
Lebe ich
      Inmitten
Einer noch frischen Wunde

AQUÍ

Mis pasos en esta calle
Resuenan
            En otra calle
Donde
        Oigo mis pasos
Pasar en esta calle
Donde

Sólo es real la niebla

HIER

Meine Schritte in dieser Straße
Hallen wider
           In einer anderen Straße
Wo
   Ich meine Schritte
Durch diese Straße gehen höre
Wo

Nur der Nebel wirklich ist

Ni *cisne andaluz*
     Ni *pájaro de lujo*
Pájaro por las alas
      Hombre por la tristeza
Una mitad de luz otra de sombra
No separadas: confundidas
Una sola sustancia
Vibración que se despliega en transparencia
Piedra de luna
     Más agua que piedra
Río taciturno
     Más palabra que río
Árbol por solitario
      Hombre por la palabra
Verdad y error
    Una sola verdad
Una sola palabra mortal

Ciudades
  Humo petrificado
Patrias ajenas siempre
Sombras de hombres
      En un cuarto perdido
Inmaculada camisa única
Correcto y desesperado
Escribe el poeta las palabras prohibidas
Signos entrelazados en una página
Vasta de pronto como lecho de mar
Abrazo de los cuatro elementos

LUIS CERNUDA

Kein *andalusischer Schwan*
                    Und kein *Luxusvogel*
Vogel wegen der Flügel
               Mensch wegen der Schwermut
Eine Hälfte Licht die andere Schatten
Nicht getrennt: vermischt
Eine einzige Substanz
Ein Beben das sich entfaltet in gläserner Klarheit
Mondstein
        Mehr Wasser als Stein
Schweigsamer Fluß
               Mehr Wort als Fluß
Baum wegen der Einsamkeit
                    Mensch wegen des Wortes
Wahrheit und Irrtum
               Eine einzige Wahrheit
Ein einziges sterbliches Wort

Städte
    Versteinerter Rauch
Vaterländer immer fremd
Schatten von Menschen
                    In einem Zimmer verirrt
Fleckenlos das einzige Hemd
Korrekt und verzweifelt
Schreibt der Dichter die verbotenen Worte
Zeichen verflochten auf einer Seite
Weit auf einmal wie das Bett eines Ozeans
Umarmung der vier Elemente

Constelación del deseo y de la muerte
Fija en el cielo cambiante del lenguaje
Como el dibujo obscenamente puro
Ardiendo en la pared decrépita

Días como nubes perdidas
Islas sepultas en un pecho
Placer
      Ola jaguar y calvera
Dos ojos fijos en dos ojos
                    Ídolos
Siempre los mismos ojos
                 Soledad
Única madre de los hombres
¿Sólo es real el deseo?
Uñas que desgarran una sombra
Labios que beben muerte en un cuerpo
Ese cadáver descubierto al alba
En nuestro lecho ¿es real?

Deseada
     La realidad se desea
Se inventa un cuerpo de centella
Se desdobla y se mira
               Sus mil ojos
La pulen como mil manos fanáticas
Quiere salir de sí
          Arder
En un cuarto en el fondo de un cráter
Y ser bajo dos ojos fijos
Ceniza piedra congelada

Konstellation der Sehnsucht und des Todes
Fixiert am wechselnden Himmel der Sprache
Wie die Zeichnung von obszöner Reinheit
Flammend auf der vermoderten Wand

Tage wie verirrte Wolken
Inseln begraben in einer Brust
Lust
    Welle Jaguar und Totenschädel
Zwei Augen gebannt in zwei Augen
                                Idole
Immer dieselben Augen
                 Einsamkeit
Einzige Mutter der Menschen
Ist nur die Sehnsucht wirklich?
Nägel die einen Schatten zerreißen
Lippen die Tod trinken an einem Körper
Dieser Kadaver beim Morgendämmern entdeckt
In unserem Bett – ist er wirklich?

Die ersehnte
        Wirklichkeit sehnt sich
Erfindet sich einen Funkenleib
Verdoppelt sich und schaut sich an
                         Ihre tausend Augen
Schleifen sie glatt wie tausend fanatische Hände
Sie will heraus aus sich
            Brennen
In einem Zimmer auf dem Grund eines Kraters
Und unter zwei gebannten Augen sein
Asche gefrorener Stein

Con letra clara el poeta escribe
Sus verdades oscuras
                      Sus palabras
No son un monumento público
Ni la Guía del camino recto
Nacieron del silencio
Se abren sobre tallos de silencio
Las contemplamos en silencio
Verdad y error
                Una sola verdad
Realidad y deseo
                Una sola substancia
Resuelta en manantial de transparencias

Mit klaren Zügen schreibt der Dichter
Seine dunklen Wahrheiten
                      Seine Worte
Sind kein öffentliches Denkmal
Auch kein Reiseführer des rechten Wegs
Aus dem Schweigen sind sie geboren
Öffnen sich auf Stengeln des Schweigens
Wir betrachten sie im Schweigen
Wahrheit und Irrtum
                      Eine einzige Wahrheit
Wirklichkeit und Sehnsucht
                      Eine einzige Substanz
Gelöst im Quellsturz durchsichtiger Klarheit

CERTEZA

Si es real la luz blanca
De esta lámpara, real
La mano que escribe, ¿son reales
Los ojos que miran lo escrito?

De una palabra a la otra
Lo que digo se desvanece.
Yo sé que estoy vivo
Entre dos paréntesis.

GEWISSHEIT

Wenn es wirklich ist, das weiße
Licht dieser Lampe, wirklich
Die Hand, die schreibt – sind dann
Die Augen wirklich, die das Geschriebene schauen?

Von einem Wort zum andern
Verflüchtigt sich, was ich sage.
Ich weiß, daß ich lebendig bin
Zwischen zwei Klammern.

NOCHE EN CLARO

A los poetas André Breton y Benjamin Péret

A las diez de la noche en el Café de Inglaterra
Salvo nosotros tres
            No había nadie
Se oía afuera el paso húmedo del otoño
Pasos de ciego gigante
Pasos de bosque llegando a la ciudad
Con mil brazos con mil pies de niebla
Cara de humo hombre sin cara
El otoño marchaba hacia el centro de Paris
Con seguros pasos de ciego
Algo se prepara
            Dijo uno de nosotros
Las gentes caminaban por la gran avenida
Algunos con gesto furtivo se arrancaban el rostro
Piedras chorreando tiempo
Casas inválidas ateridos osarios
Oh huesos todavía con fiebre
Una prostituta bella como una papisa
Cruzó la calle y desapareció en un muro verdusco
La pared volvió a cerrarse
Todo es puerta
Basta la leve presión de un pensamiento
Se abre de par en par la vida
Algo se prepara
            Dijo uno entre nosotros
Se abrió el minuto en dos

Durchwachte Nacht

Für die Dichter André Breton und Benjamin Péret

Um zehn Uhr abends im Englischen Café
Außer uns dreien
        War niemand da
Draußen hörte man den feuchten Schritt des Herbstes
Schritte eines blinden Riesen
Schritte eines Waldes der in die Stadt kommt
Mit tausend Armen und tausend Füßen aus Nebel
Gesicht aus Dunst Mann ohne Gesicht
Der Herbst marschierte zum Zentrum von Paris
Mit den sicheren Schritten eines Blinden
Etwas ist im Anzug
        Sagte einer von uns
Die Leute gingen durch die große Avenue
Manche rissen sich verstohlen das Antlitz ab
Steine aus denen Zeit rann
Ausgediente Häuser froststarre Beinkammern
O Knochen noch voller Fieber
Eine Dirne schön wie eine Päpstin
Überquerte die Straße und verschwand in einer
  grünlichen Mauer
Die Wand schloß sich wieder
Alles ist Türe
Es genügt der leichte Druck eines Gedankens
Und sperrangelweit tut sich das Leben auf
Etwas ist im Anzug
        Sagte einer von uns
Die Minute klaffte

Leí signos en la frente de ese instante
Los vivos están vivos
Andan vuelan maduran estallan
Los muertos están vivos
El viento los agita les dispersa
Racimos que caen entre las piernas de la noche
La ciudad se abre como un corazón
Como un higo la flor que es fruto
Más deseo que encarnación
Encarnación del deseo
Algo se prepara
    Dijo el poeta
Nada se dice excepto lo indecible
Este mismo otoño vacilante
Este mismo año enfermo
Fruto fantasma que resbala entre las manos del siglo
Año de miedo tiempo de susurro y mutilación
Nadie tenía cara aquella tarde
En el underground de Londres
En lugar de ojos
    Abominación de espejos cegados
En lugar de labios
    Raya de borrosas costuras
Nadie tenía sangre nadie tenía nombre
No teníamos cuerpo ni espíritu
No teníamos cara
El tiempo daba vueltas y vueltas y no pasaba
No pasaba nada sino el tiempo que pasa y regresa y no pasa
Apareció entonces la pareja adolescente
Él era rubio

Ich las Zeichen auf der Stirn dieses Augenblicks
Die Lebenden sind lebendig
Sie gehen fliegen reifen bersten
Die Toten sind lebendig
Der Wind jagt sie hin und her zerstreut sie
Trauben die zwischen die Beine der Nacht fallen
Die Stadt öffnet sich wie ein Herz
Wie eine Feige die Blüte die Frucht ist
Mehr Sehnsucht als Fleischwerdung
Fleischwerdung der Sehnsucht
Etwas ist im Anzug
                Sagte der Dichter
Nichts sagt man außer dem Unsagbaren
Derselbe schwankende Herbst
Dasselbe kranke Jahr
Gespensterfrucht die dem Jahrhundert aus den Händen
   glitscht
Jahr der Angst Zeit des Gemurmels und der Entmannung
Niemand hatte Gesicht an jenem Abend
Im underground von London
Anstelle von Augen
                      Die Abscheulichkeit blinder Spiegel
Anstelle von Lippen
                Ein Streifen verfilzter Nähte
Niemand hatte Blut niemand hatte einen Namen
Wir hatten weder Leib noch Geist
Wir hatten kein Gesicht
Die Zeit drehte und drehte sich und ging nicht vorbei
Nichts passierte nur die Zeit war da die verstreicht
   und wiederkommt und nicht vorbeigeht
Und da erschien das junge Paar
Er war blond

"venablo de Cupido"
Gorra gris gorrión callejero y valiente
Ella era pequeña pecosa pelirroja
Manzana sobre una mesa de pobres
Pálida rama en un patio de invierno
Niños feroces gatos salvajes
Dos plantas ariscas enlazadas
Dos plantas con espinas y flores súbitas
Sobre el abrigo de ella color fresa
Replandeció la mano del muchacho
Las cuatro letras de la palabra Amor
En cada dedo ardiendo como astros

Tatuaje escolar tinta china y pasión
Anillos palpitantes
Oh mano collar al cuello ávido de la vida
Pájaro de presa y caballo sediento
Mano llena de ojos en la noche del cuerpo
Pequeño sol y río de frescura
Mano que das el sueño y das la resurrección
Todo es puerta
            Todo es puente
Ahora marchamos en la otra orilla
Mira abajo correr el río de los siglos
El río de los signos
Mira correr el río de los astros

Ein Treiber auf Amors Hatz
Graue Mütze Gassenvogel spatzenkeck
Sie war klein sommersprossig mit rotem Haar
Apfel auf einem Armleutetisch
Blasser Zweig im winterlichen Hof
Streunende Kinder Wildkatzen
Zwei Unkräuter die sich umschlingen
Zwei Pflanzen mit Dornen und jäher Blüte
Auf dem erdbeerfarbenen Mantel des Mädchens
Schimmerte die Hand des Burschen
Die vier Buchstaben des Wortes für Liebe
glühten einzeln auf jedem Finger wie Sterne

Schultätowierung Tusche und Leidenschaft
Ringe mit Herzklopfen
O Hand Kollier für den Hals voller Lebensgier
Beizvogel und dürstendes Pferd
Hand voller Augen in der Nacht des Körpers
Kleine Sonne und Fluß der Frische
Hand die du den Traum gibst und die Auferstehung
Alles ist Türe
        Alles ist Brücke
Jetzt wandern wir am andern Ufer
Sieh da unten den Fluß der Jahrhunderte strömen
Den Fluß der Zeichen
Sieh den Fluß der Sterne strömen

Se abrazan y separan vuelven a juntarse
Hablan entre ellos un lenguaje de incendios
Sus luchas sus amores
Son la creación y la destrucción de los mundos
La noche se abre
                Mano inmensa
Constelación de signos
Escritura silencio que canta
Siglos generaciones eras
Sílabas que alguien dice
Palabras que alguien oye
Pórticos de pilares transparentes
Ecos llamadas señas laberintos
Parpadea el instante y dice algo
Escucha abre los ojos ciérralos
La marea se levanta
                Algo se prepara
Nos dispersamos en la noche
Mis amigos se alejan
Llevo sus palabras como un tesoro ardiendo
Pelean el río y el viento del otoño
Pelea el otoño contra las casas negras
Año de hueso
Pila de años muertos y escupidos
Estaciones violadas
Siglo tallado en un aullido
Pirámide de sangre
Horas royendo el día el año el siglo el hueso
Hemos perdido todas las batallas
Todos los días ganamos una
Poesía

Sie umarmen und trennen sich und finden wieder zusammen
Sie reden miteinander in einer Brandfackelsprache
Ihre Kämpfe ihre Liebschaften
Sind die Erschaffung und die Zerstörung der Welten
Die Nacht tut sich auf
                Eine ungeheure Hand
Konstellation von Zeichen
Schrift und ein Schweigen das singt
Jahrhunderte Generationen Zeiträume
Silben die jemand sagt
Wörter die jemand hört
Vorhallen mit durchsichtigen Pfeilern
Echos Anrufe Zeichen Labyrinthe
Der Augenblick blinzelt und sagt etwas
Lausche öffne die Augen schließe sie
Die Flut schwillt an
                Etwas ist im Anzug
Wir zerstreuen uns in der Nacht,
Meine Freunde entfernen sich
Ihre Worte nehme ich mit wie einen funkelnden Schatz
Es streiten der Fluß und der Herbstwind
Es streitet der Herbst mit den schwarzen Häusern
Jahr aus Gebein
Anhäufung toter ausgespiener Jahre
Geschändeter Jahreszeiten
Jahrhundert geschnitzt aus einem Geheul
Blutpyramide
Stunden die den Tag das Jahr das Jahrhundert den Knochen
    zernagen
Alle Schlachten haben wir verloren
Jeden Tag gewinnen wir ein
Gedicht

La ciudad se despliega
Su rostro es el rostro de mi amor
Sus largas piernas son las piernas de la mujer que amo
Torres plazas columnas puentes calles
Río cinturón de paisajes ahogados
Ciudad o Mujer Presencia
Abanico que muestras y ocultas la vida
Bella como el motín de los pobres
Tu frente delira pero en tus ojos bebo cordura
Tus axilas son noche pero tus pechos día
Tus palabras son de piedra pero tu lengua es lluvia
Tu espalda es el mediodía del mar
Tu risa el sol entrando en los suburbios
Tu pelo al desatarse la tempestad en las terrazas del alba
Tu vientre la respiración del mar la pulsación del día
Tú te llamas torrente y te llamas pradera
Tú te llamas pleamar
Tienes todos los nombres del agua
Pero tu sexo es innombrable
La otra cara del ser
La otra cara del tiempo
El revés de la vida
Aquí cesa todo discurso
Aquí la presencia se vuelve terrible
Replegada en sí misma la Presencia es vacío
Lo visible es invisible
Aquí se hace visible lo invisible
Aquí la estrella es negra
La luz es sombra luz la sombra

Die Stadt entfaltet sich
Ihr Gesicht ist das Gesicht meiner Liebe
Ihre langen Beine sind die Beine der Frau die ich liebe
Türme Plätze Säulen Brücken Straßen
Flußgürtel ertrunkener Landschaften
Stadt oder Frau Gegenwart
Fächer der du das Leben zeigst und verbirgst
Schön wie der Aufruhr der Armen
Deine Stirn phantasiert im Fieber aber in deinen Augen trinke ich Klugheit
Deine Achselhöhlen sind Nacht aber deine Brüste Tag
Deine Worte sind aus Stein aber deine Zunge ist Regen
Dein Rücken ist der Mittag des Meeres
Dein Lachen die Sonne die in die Vororte dringt
Dein Haar wenn es sich löst das Sturmgewitter auf den Terrassen der Frühe
Dein Leib das Atmen des Meeres der Herzschlag des Tages
Du nennst dich Sturzbach und nennst dich Wiese
Du nennst dich Hochflut
Du hast alle Namen des Wassers
Doch dein Geschlecht ist unnennbar
Das andere Gesicht des Seins
Das andere Gesicht der Zeit
Die Kehrseite des Lebens
Hier endet jede Rede
Hier ist die Schönheit nicht lesbar
Hier wird die Gegenwart schrecklich
Eingezogen in sich ist die Gegenwart leer
Das Sichtbare ist unsichtbar
Hier wird sichtbar das Unsichtbare
Hier ist schwarz der Stern
Das Licht ist Schatten Licht der Schatten

Aquí el tiempo se para
Los cuatro puntos cardinales se tocan
Es el lugar solitario el lugar de la cita

Ciudad Mujer Presencia
Aquí comienza el tiempo

Hier bleibt sie stehen die Zeit
Die vier Himmelsgegenden berühren sich
Der Ort der Einsamkeit ist der Treffpunkt

Stadt Frau Gegenwart
Hier beginnt die Zeit

GARABATO

Con un trozo de carbón
Con mi gis roto y mi lápiz rojo
Dibujar tu nombre
El nombre de tu boca
El signo de tus piernas
En la pared de nadie
En la puerta prohibida
Grabar el nombre de tu cuerpo
Hasta que la hoja de mi navaja
Sangre
     Y la piedra grite
Y el muro respire como un pecho

GEKRITZEL

Mit einem Stück Kohle
Mit meiner zerbrochenen Kreide und meinem Rotstift
Deinen Namen zeichnen
Den Namen deines Mundes
Das Zeichen deiner Beine
Auf die Niemandswand
Auf die verbotene Tür
Einritzen den Namen deines Körpers
Bis die Klinge meines Messers
Blutet
    Und der Stein schreit
Und die Mauer atmet wie eine Brust

DURACIÓN

Trueno y viento: duración
Y King

I
Negro el cielo
               Amarilla la tierra
El gallo desgarra la noche
El agua se levanta y pregunta la hora
El viento se levanta y pregunta por ti
Pasa un caballo blanco

II
Como el bosque en su lecho de hojas
Tú duermes en tu lecho de lluvia
Tú cantas en tu lecho de viento
Tú besas en tu lecho de chispas

III
Olor vehemencia numerosa
Cuerpo de muchas manos
Sobre un tallo invisible
Una sola blancura

IV
Habla escucha respóndeme
Lo que dice el trueno
Lo comprende el bosque

DAUER

> *Donner und Wind: Dauer*
> I Ging

I

Schwarz der Himmel
               Gelb die Erde
Der Hahn zerfetzt die Nacht
Das Wasser erhebt sich und fragt nach der Stunde
Der Wind erhebt sich und fragt nach dir
Ein weißes Pferd geht vorüber

II

Wie der Wald in seinem Bett von Blättern
Schläfst du in deinem Bett von Regen
Du singst in deinem Bett von Wind
Du küßt in deinem Bett von Funken

III

Geruch zahlreiches Ungestüm
Körper mit vielen Händen
Auf unsichtbarem Stengel
Ein einziges Weiß

IV

Rede lausche antworte mir
Was der Donner sagt
Das versteht der Wald

V
Entro por tus ojos
Sales por mi boca
Duermes en mi sangre
Despierto en tu frente

VI
Te hablaré un lenguaje de piedra
(Respondes con un monosílabo verde)
Te hablaré un lenguaje de nieve
(Respondes con un abanico de abejas)
Te hablaré un lenguaje de agua
(Respondes con una canoa de relámpagos)
Te hablaré un lenguaje de sangre
(Respondes con una torre de pájaros)

V

Ich gehe hinein durch deine Augen
Du kommst heraus durch meinen Mund
Du schläfst in meinem Blut
Ich erwache auf deiner Stirn

VI

Ich werde mit dir in einer Steinsprache reden
(Du antwortest mir mit einem einsilbigen Grün)
Ich werde mit dir in einer Schneesprache reden
(Du antwortest mir mit einem Fächer von Bienen)
Ich werde mit dir in einer Wassersprache reden
(Du antwortest mir mit einem Kanu von Blitzen)
Ich werde mit dir in einer Blutsprache reden
(Du antwortest mir mit einem Turm von Vögeln)

VAIVÉN

I
Vuelve a la noche,
Racimo de horas sombrías;
Córtalo, come el fruto de tiniebla,
Saborea la ignorancia.

II
Con orgullo de árbol
Plantado en pleno torbellino
Te desvistes Con el gesto del agua
Saltando de la peña Abandonas tus cuerpos
Con los pasos sonámbulos del viento
Te arrojas en el lecho Con los ojos cerrados
Buscas tu más antigua desnudez

III
Caigo en ti con la ciega caída de la ola
Tu cuerpo me sostiene como la ola que renace
El viento sopla afuera y reúne las aguas
Todos los bosques son un solo árbol
Navega la ciudad en plena noche
Tierra y cielo y marea que no cesa
Los elementos enlazados tejen
La vestidura de un día desconocido

IV
Desierto inmenso y fuente secreta
Balanza del silencio y árbol de gemidos

HIN UND HER

I
Kehr heim zur Nacht
Ihrer Traube dunkler Stunden
Schneide sie ab und iß die Frucht der Finsternis
Schmecke die Unwissenheit

II
Mit dem Stolz eines Baumes
Der mitten im Wirbelsturm wurzelt
Entkleidest du dich Mit der Geste des Wassers
Das über die Klippe springt Du verläßt deine Teile
Mit den traumwandelnden Schritten des Windes
Du wirfst dich aufs Lager mit geschlossenen Augen
Suchst du deine älteste Nacktheit

III
Ich falle in dich mit dem blinden Fall der Welle
Dein Körper trägt mich wie die Welle die sich aufs neue erhebt
Draußen bläst der Wind und versammelt die Wasser
Alle Wälder sind ein einziger Baum
Die Stadt segelt auf hoher Nacht
Erde und Himmel und Flut die nicht endet
Die verflochtenen Elemente weben
Das Gewand eines unbekannten Tages

IV
Unermeßliche Wüste und geheime Quelle
Waage des Schweigens und Baum aus Seufzern

Cuerpo que se despliega como la vela
Cuerpo que se repliega como la brasa
Corazón que desgajo de la noche
Escorpión que se clava en mi pecho
Sello de sangre sobre mis años de hombre

V   *(Hago lo que dices)*
Con un Sí
La lámpara que te guía a la entrada del sueño
Con un No
La balanza que pesa la falacia y la verdad del deseo
Con un Ay
El hueso florecido para atravesar la muerte

VI   *(Hoy, siempre hoy)*
Hablas (se oyen muchas lluvias)
No sé lo que dices (una mano amarilla nos sostiene)
Callas (nacen muchos pájaros)
No sé adónde estamos (un alveolo escarlata nos encierra)
Ríes (las piernas del río se cubren de hojas)
No sé adónde vamos (hoy es ya mañana en mitad de la noche)

    Hoy que se abre y se cierra
    Nunca se mueve y no se detiene
    Corazón que nunca se apaga
    Hoy (un pájaro se posa
    En una torre de granizo)
    Siempre es mediodía

Leib der sich entfaltet wie das Segel
Leib der zusammensinkt wie die Glut
Herz das ich der Nacht entreiße
Skorpion der sich in meine Brust zwängt
Blutsiegel auf meinen Mannesjahren

V *(Ich mache was du sagst)*
Mit einem Ja
Die Lampe die dich zum Eingang des Traumes leitet
Mit einem Nein
Die Waage die den Trug und die Wahrheit der Sehnsucht wägt
Mit einem Ach
Der schimmelnde Knochen um den Tod zu durchdringen

VI *(Heute immer heute)*
Du sprichst (man hört viele Regenfälle)
Ich weiß nicht was du sagst (eine gelbe Hand hält uns in der Schwebe)
Du schweigst (viele Vögel kommen zur Welt)
Ich weiß nicht wo wir sind (eine scharlachrote Zelle schließt uns ein)
Du lachst (die Beine des Flusses bedecken sich mit Blättern)
Ich weiß nicht wohin wir gehen (heute ist schon morgen um Mitternacht)

> Heute das sich öffnet und schließt
> Niemals sich bewegt und nicht stillesteht
> Herz das nie erlischt
> Heute (ein Vogel läßt sich nieder
> Auf einem Turm aus Hagel)
> Heute ist immer Mittag

INTERIOR

Pensamientos en guerra
Quieren romper mi frente

Por caminos de pájaros
Avanza la escritura

La mano piensa en voz alta
Una palabra llama a otra

En la hoja en que escribo
Van y vienen los seres que veo

La tortuga la mesa el libro
Repliegan las alas y reposan

Ya encendieron las lámparas
La hora se abre y se cierra como un lecho

Con medias rojas y cara pálida
Entran tú y la noche

Interieur

Gedanken die sich bekriegen
Wollen meine Stirn zerbrechen

Auf Wegen der Vögel
Gelangt die Schrift voran

Die Hand denkt mit lauter Stimme
Ein Wort ruft das andere

Auf dem Blatt auf dem ich schreibe
Kommen und gehen die Wesen die ich sehe

Die Schildkröte der Fisch das Buch
Falten die Flügel und ruhen sich aus

Schon hat man die Lampen angezündet
Die Stunde wird aufgeschlagen und zugedeckt wie ein Bett

Mit roten Strümpfen und blassem Gesicht
Kommen du und die Nacht herein

Golden Lotus

1
No brasa
         Ni chorro de jerez:
La descarga del gimnoto
O, más bien, el chasquido
De la seda
         Al rasgarse.

2
En su tocador,
Alveolo cristalino,
Duermen todos los objetos
Menos las tijeras.

3
A mitad de la noche
Vierte,
         En el oído de sus amantes,
Tres gotas de luz fría.

4
Se desliza, amarilla y eléctrica,
Por la piscina del *hall*.
                         Después, quieta
Brilla,
         Estúpida como piedra preciosa.

GOLDEN LOTUS

1
Keine Glut
        Und kein Sherrystrahl:
Der Stromschlag des Zitteraals
Oder vielmehr das Prasseln
Der Seide,
        Wenn sie zerreißt.

2
In ihrem Ankleidezimmer,
Einer kristallenen Zelle,
Schlafen alle Dinge,
Nur nicht die Scheren.

3
Um Mitternacht
Träuft sie
        Ins Ohr ihrer Liebhaber
Drei Tropfen kalten Lichts.

4
Sie gleitet, gelb und elektrisch,
Durchs Schwimmbecken der *hall*.
                              Danach
Glänzt sie in Ruhe,
        Dumm wie ein Edelstein.

Felicidad en Hérat

A Carlos Pellicer

Vine aquí
Como escribo estas líneas,
Sin idea fija:
Seis minaretes truncos,
Dos o tres tumbas,
Memorias de un poeta santo,
Los nombres de Timur y su linaje.

Encontré al viento de los cien días.
Todas las noches las cubrió de arena,
Acosó mi frente, me quemó los párpados.
La madrugada:
               Dispersión de pájaros
Y ese rumor de agua entre piedras
Que son los pasos campesinos.
(Pero el agua sabía a polvo.)
Murmullos en el llano,
Apariciones
            Desapariciones,
Ocres torbellinos
Insustanciales como mis pensamientos.
Vueltas y vueltas
En un cuarto de hotel o en las colinas:
La tierra un cementerio de camellos
Y en mis cavilaciones siempre
Los mismos rostros que se desmoronan.

GLÜCK IN HERAT

für Carlos Pellicer

Ich kam hierher,
Wie ich diese Zeilen schreibe
– Ohne bestimmte Idee:
Eine Moschee, blau und grün,
Sechs verstümmelte Minarette,
Zwei oder drei Gräber,
Erinnerungen an einen heiligen Dichter,
Die Namen Timurs und seines Geschlechts.

Ich traf den Wind der hundert Tage.
Alle Nächte deckte er zu mit Sand,
Peitschte meine Stirn, verbrannte mir die Lider.
Die Morgenfrühe:
                Auseinanderstieben von Vögeln
Und jenes Rauschen von Wasser zwischen Steinen,
Das die Schritte der Bauern sind.
(Doch das Wasser schmeckte nach Staub.)
Gemurmel in der Ebene,
Erscheinungen
              Verflüchtigungen,
Ockerfarbene Wirbel,
Substanzlos wie meine Gedanken.
Rundgang um Rundgang
In einem Hotelzimmer oder auf den Hügeln:
Die Erde ein Kamelfriedhof,
Und in meinen Grübeleien immer
Dieselben Gesichter, die verfallen.

¿El viento, el señor de las ruinas,
Es mi único maestro?
Erosiones:
El menos crece más y más.

En la tumba del santo,
Hondo en el árbol seco,
Clavé un clavo,
          No,
Como los otros, contra el mal de ojo:
Contra mí mismo.
          (Algo dije:
Palabras que se lleva el viento.)

Una tarde pactaron las alturas.
Sin cambiar de lugar
              Caminaron los chopos.
Sol en los azulejos
              Súbitas primaveras.
En el Jardín de las Señoras
Subí a la cúpula turquesa.
Minaretes tatuados de signos:
La escritura cúfica, más allá de la letra,
Se volvió transparente.
No tuve la visión sin imágenes,
No vi girar las formas hasta desvanecerse
En claridad inmóvil,
El ser ya sin sustancia del sufí.
No bebí plenitud en el vacío
Ni vi las treinta y dos señales
Del Bodisatva cuerpo de diamante.
Vi un cielo azul y todos los azules,

Der Wind, der Herr der Ruinen –
Ist er mein einziger Lehrer?
Erosionen:
Das Minus nimmt mehr und mehr zu.

Am Grab des Heiligen,
Tief in den dürren Baum
Schlug ich einen Nagel ein,
                    Nicht
Wie die andern gegen den bösen Blick:
Gegen mich selbst.
            (Etwas sagte ich:
Worte, die der Wind mitnimmt.)

Eines Abends verbündeten sich die Höhen.
Ohne von der Stelle zu rücken,
                    Wanderten die Erlen.
Sonne auf blauen Mauerkacheln,
                    Jähe Frühlinge.
Im Garten der Edelfrauen
Erstieg ich die türkisene Kuppel.
Minarette, tätowiert mit Zeichen:
Die kufische Schrift, jenseits des Buchstabens,
Wurde durchsichtig.
Ich hatte nicht die Vision ohne Bilder,
Ich sah die Formen nicht kreisen bis zum Verschwinden
In regloser Klarheit,
Dem entstofflichten Sein des Sufis.
Ich trank nicht Fülle in der Leere,
noch sah ich die zweiunddreißig Merkmale
Des Bodhisattwa mit dem Diamantleib.
Ich sah einen blauen Himmel und alle Blautöne,

Del blanco al verde
Todo el abanico de los álamos
Y sobre el pino, más aire que pájaro,
El mirlo blanquinegro.
Vi al mundo reposar en sí mismo.
Vi las apariencias.
Y llamé a esa media hora:
Perfección de lo Finito.

Vom Weiß bis zum Grün
Den ganzen Fächer der Pappeln,
Und über der Pinie, mehr Luft als Vogel,
Die schwarzweiße Amsel.
Ich sah die Welt in sich selber ruhn.
Ich sah die Erscheinungen.
Und ich nannte diese halbe Stunde:
Vollkommenheit des Endlichen.

PASO DE TANGHI-GARU

Tierra tasajeada:
La marcó el invierno con sus armas,
Vestidura de espinas fue la primavera.

Montes de mica. Cabras negras.
Bajo las pezuñas sonámbulas
La pizarra relumbra, ceñuda.

Sol fijo, clavado
En la enorme cicatriz de piedra.
La muerte nos piensa.

Passweg von Tanghi-Garu

Zerschnittene Erde:
Der Winter hat sie mit seinen Waffen gezeichnet,
Ein Dornengewand war der Frühling.

Berge aus Glimmer. Schwarze Ziegen.
Unter den traumwandelnden Hufen
Glitzert der Schiefer, düster.

Starre Sonne, gespießt
In die riesige Narbe des Gesteins.
Uns denkt der Tod.

PUEBLO

Las piedras son tiempo
                     El viento
Siglos de viento
                Los árboles son tiempo
Las gentes son piedra
                El viento
Vuelve sobre sí mismo y se entierra
En el día de piedra

No hay agua pero brillan los ojos

DORF

Die Steine sind Zeit
                       Der Wind
Jahrhunderte von Wind
                              Die Bäume sind Zeit
Die Leute sind Stein
                       Der Wind
Geht in sich und begräbt sich
In dem Tag aus Stein

Kein Wasser gibt's doch es glänzen die Augen

La exclamación

Quieto
      No en la rama
En el aire
        No en el aire
En el instante
          El colibrí

DER AUSRUF

Ruhig
     Nicht auf dem Zweig
In der Luft
        Nicht in der Luft
Im Augenblick
          Der Kolibri

Lo idéntico

(Anton Webern, 1883-1945)

Espacios
       Espacio
Sin centro ni arriba ni abajo
Se devora y se engendra y no cesa
Espacio remolino
              Y caída hacia arriba
Espacios
       Claridades cortadas a pico
Suspendidas
          Al flanco de la noche
Jardines negros de cristal de roca
En una vara de humo florecidos
Jardines blancos que estallan en el aire
Espacios
      Un solo espacio que se abre
Corola
    Y se disuelve
             Espacio en el espacio
Todo es ninguna parte
Lugar de las nupcias impalpables

Ein und dasselbe

(Anton Webern, 1883-1945)

Räume
    Raum
Ohne Mittelpunkt weder oben noch unten
Er verschlingt sich und zeugt sich und nimmt kein Ende
Raum Wirbel
              Und Sturz nach oben
Räume
    Klarheiten spitz aufragend
Hangend
       An der Flanke der Nacht
Schwarze Gärten aus Bergkristall
Auf einer Rauchgerte erblüht
Weiße Gärten die bersten in der Luft
Räume
    Ein einziger Raum der aufgeht
Zur Blütenkrone
           Und sich auflöst
                      Raum im Raum
Alles ist nirgendwo
Ort ungreifbarer Vermählung

Concorde

A Carlos Fuentes

    Arriba el agua
    Abajo el bosque
El viento por los caminos

    Quietud del pozo
El cubo es negro El agua firme

El agua baja hasta los árboles
El cielo sube hasta los labios

EINMÜTIG

Für Carlos Fuentes

    Oben das Wasser
    Unten der Wald
Der Wind auf den Wegen

    Ruhe des Brunnens
Der Eimer ist schwarz das Wasser fest

Das Wasser geht hinab bis zu den Bäumen
Der Himmel steigt auf bis zu den Lippen

Pasaje

Más que aire
            Más que agua
Más que labios
            Ligera ligera
Tu cuerpo es la huella de tu cuerpo

GANG

Linder als Luft
            Linder als Wasser
Linder als Lippen
              So leicht so leicht

Dein Körper ist die Spur deines Körpers

CIMA Y GRAVEDAD

Hay un árbol inmóvil
Hay otro que avanza
                Un río de árboles
Golpea mi pecho
          Es la dicha
El oleaje verde
Tú estás vestida de rojo
               Eres
El sello del año abrasado
El tizón carnal
           El astro frutal
En ti como sol
          La hora reposa
Sobre un abismo de claridades
La altura se nubla de pájaros
Sus picos contruyen la noche
Sus alas sostienen al día
Plantada en la cresta de la luz
Entre la fijeza y el vértigo
     Tú eres
  La balanza diáfana

Gipfel und Schwerkraft

Da ist ein regloser Baum
Ein anderer der vorandringt
                Ein Fluß von Bäumen
Schlägt gegen meine Brust
                Das Glück ist's
Der grüne Wellenschlag
Du bist in Rot gekleidet
                Du bist
Das Siegel des verglutenden Jahres
Das leibliche Brandscheit
                Der Fruchtstern
In dir esse ich Sonne
                Die Stunde ruht
Über einem Abgrund aus lauter Klarheit
Die Höhe bewölkt sich mit Vögeln
Ihre Schnäbel bauen die Nacht
Ihre Flügel halten den Tag in der Schwebe
Aufgepflanzt in der Federkrone des Lichts
Zwischen der Festigkeit und dem Taumel
                Bist du
                Die strahlende Waage

Ejemplo

El trueno anda por el llano
El cielo esconde todos sus pájaros
Sol desollado
              Bajo su luz final
Las piedras son más piedras

Rumor de follajes inciertos
Como ciegos que buscan su camino
Dentro de unos instantes
Noche y agua serán un solo cuerpo

BEISPIEL

Der Donner geht über die Ebene
Der Himmel verbirgt all seine Vögel
Blutrünstige Sonne
                       Unterm letzten Licht
Sind die Steine mehr Steine

Rascheln von ungewissem Laubwerk
Wie Blinde die ihren Weg suchen
Wenige Augenblicke noch
Und Nacht und Wasser sind ein Leib

Domingo en la isla de Elefanta

IMPRECACIÓN

Al pie de las sublimes esculturas
Desfiguradas por los musulmanes y los portugueses,
La multitud ha dejado un *picnic* de basura
Para los cuervos y los perros.
Yo la condeno a renacer cien veces
En un muladar,
    Como a los otros,
Por eones, en carne viva han de tallarlos
En el infierno de los mutiladores de estatuas.

INVOCACIÓN

Shiva y Parvati:
    Los adoramos
No como a dioses,
    Como a imágenes
De la divinidad de los hombres.
Ustedes son lo que el hombre hace y no es,
Lo quel el hombre ha de ser
Cuando pague la condena del quehacer.
Shiva:
  Tus cuatro brazos son cuatro ríos,
Cuatro surtidores.
    Todo tu ser es una fuente
Y en ella se baña la linda Parvati,
En ella se mece como una barca graciosa.

Sonntag auf der Insel Elefanta

VERWÜNSCHUNG

Zu Füßen der erhabenen Skulpturen,
Verstümmelt von Mohammedanern und Portugiesen,
Hat die Menge ein Abfall-Picknick hinterlassen
Für die Krähen und Hunde.
Ich verdamme die Masse, hundertmal wiedergeboren zu werden
Auf einem Unrathaufen, wie ich die andern dazu verfluche,
Daß man äonenlang sie meißle aus bloßem Fleisch
In der Hölle der Statuenkastrierer.

ANRUFUNG

Shiva und Parvati:
                Wir beten sie an
Nicht als Götter,
                    Sondern als Bilder
Der Göttlichkeit der Menschen.
Ihr seid, was der Mensch erschafft und nicht ist,
Was der Mensch sein soll,
wenn er die Strafe der Pflichten abgebüßt.
Shiva:
      Deine vier Arme sind vier Flüsse,
Vier Springbrunnen.
                       Dein ganzes Wesen ist eine Quelle,
Und in ihr badet die liebliche Parvati,
In ihr wiegt sie sich wie ein anmutiger Nachen.

El mar palpita bajo el sol:
Son los labios gruesos de Shiva que sonríe;
El mar es una larga llamarada:
Son los pasos de Parvati sobre las aguas.
Shiva y Parvati:
     La mujer que es mi mujer
Y yo,
  Nada les pedimos, nada
Que sea del otro mundo:
      Sólo
La luz sobre el mar,
La luz descalza sobre el mar y la tierra dormidos.

Das Meer pulsiert unter der Sonne:
Es sind die üppigen Lippen des lächelnden Shiva;
Das Meer ist eine lange Funkenfährte:
Es sind die Schritte Parvatis auf dem Wasser.
Shiva und Parvati:
    Die Frau, die meine Frau ist,
Und ich –
   Nichts erbitten wir von ihnen, nichts.
Das zur anderen Welt gehörte:
      Nur
Das Licht auf dem Meer,
Barfüßiges Licht über Meer und Land im Schlafe.

CUENTO DE DOS JARDINES

Una casa, un jardín,
                    No son lugares:
Giran, van y vienen.
                        Sus apariciones
Abren en el espacio
                    Otro espacio,
Otro tiempo en el tiempo.
                          Sus eclipses
No son abdicaciones:
                        Nos quemaría
La vivacidad de uno de esos instantes
Si durase otro instante.
                      Estamos condenados
A matar al tiempo:
             Así morimos,
Poco a poco.
               Un jardín no es un lugar:
Por un sendero de arena rojiza
                          Entramos
En una gota de agua,
                    Bebemos en su centro
Verdes claridades,
             Ascendemos
Por la espiral de las horas
                    Hasta
La punta del día,
             Descendemos
Hasta
    La consumación de su brasa.

Geschichte von zwei Gärten

Ein Haus, ein Garten,
                  Das sind keine Orte:
Sie kreisen, gehen und kommen.
                          Ihre Erscheinungen
Öffnen im Raum
              Einen anderen Raum,
Eine andere Zeit in der Zeit.
                       Ihre Verfinsterungen
Sind keine Abdankung:
                Verbrennen würde uns
Die Lebensfülle eines einzigen solchen Augenblicks,
Währte er einen weiteren Augenblick.
                            Wir sind verdammt,
Die Zeit totzuschlagen:
                So sterben wir
Nach und nach.
            Ein Garten ist kein Ort:
Über einen Pfad von rötlichem Sand
                        Gelangen wir
In einen Wassertropfen,
              Wir trinken in seiner Mitte
Grüne Klarheiten,
            Wir steigen auf
Durch die Spirale der Stunden
                    Bis hin
Zur Spitze des Tages,
              Wir steigen hinab
Bis hin
    Zum Erlöschen seiner Glut.

Ríos en la noche: fluyen los jardines.

Aquel de Mixcoac era un cuerpo
Cubierto de heridas,
                Una arquitectura
A punto de desplomarse.
                          Yo era niño
Y el jardín se parecía a mi abuelo.
Trepaba por sus rodillas vegetales
Sin saber que eran los mástiles de un barco
Varado.
      El jardín lo sabía:
Esperaba su destrucción como el sentenciado
El hacha.
           La higuera era la Madre,
La Diosa:
                Zumbar de insectos coléricos,
Los sordos tambores de la sangre,
                                El sol
Y su martillo,
              El verde abrazo de innumerables brazos,
La incisión del tronco.
                    El mundo se entreabrió:
Yo creí que había visto a la muerte
                            Al ver
La otra cara del ser,
              La vacía:
El fijo resplandor sin atributos.
En la frente del Ajusco
                Se apiñan
Las confederaciones blancas
                      Hasta no ser

Flüsse in der Nacht: es fließen die Gärten.

Jener in Mixcoac war ein Körper,
Bedeckt mit Wunden,
   Eine Architektur,
kurz vor ihrem Zusammenbruch.
   Ich war ein Kind,
Und der Garten glich meinem Großvater,
Ich kletterte auf seine vegetabilischen Knie,
Ohne zu wissen, daß es die Masten eines gestrandeten
Schiffes waren.
   Der Garten wußte es:
Er erwartete seine Zerstörung wie der Verurteilte
Das Fallbeil.
   Der Feigenbaum war die MUTTER,
die GÖTTIN:
   Summen wütender Insekten,
Die dumpfen Trommeln des Bluts,
   Die Sonne
Und ihr Hammer,
   Die grüne Umarmung unzähliger Arme,
Die Kerbe im Stamm.
   Die Welt klaffte ein wenig auf:
Ich glaubte, den Tod gesehen zu haben,
   Als ich
Das andere Gesicht des Seins erblickte,
   Das leere:
Den starren Glanz ohne Eigenschaften.
An der Stirn des Ajusco ballen sich
Die weißen Bündnistruppen,
   Bis sie nur noch

Sino una masa cárdena:
                    El galope negro del aguacero
Cubre todo el llano.
            México:
Sobre la piedra ensangrentada
                        Danza el agua.
Meses de espejos.
            El hormiguero,
Sus ritos subterráneos:
                        Inmerso en la luz cruel
Expiaba mi cuerpo-hormiguero,
                        Espiaba
La febril construcción de mi ruina.
                            Élitros:
El afilado canto del insecto
                    Corta yerbas secas.
Luz, luz:
        Substancia del tiempo y sus inventos.
Cactos minerales,
            Lagartijas de azogue
En las bardas de adobe,
                El pájaro
Que perfora el espacio,
                    Sed, tedio, tolvaneras:
Impalpables epifanías del viento.
Los pinos me enseñaron a hablar solo.
En aquel jardín aprendí a despedirme.

Después no hubo jardines.
                Un día,
Como si regresara,
            No a mi casa:

Eine maulbeerfarbene Masse sind:
> Der schwarze Galopp
des Wolkenbruchs überzieht die ganze Ebene.
> Mexiko:
Auf dem blutgetränkten Stein
> Tanzt das Wasser.
Monate aus Spiegeln.
> Der Ameisenbau,
Seine unterirdischen Riten:
> Eingetaucht ins grausame Licht
Sühnte ich meinen Körper-Ameisenbau,
> Erspürte
Die fiebernde Konstruktion meiner Ruine.
> Chitinflügel:
Das gewetzte Insektenlied
> Sichelt dürre Gräser.
Licht, Licht:
> Substanz der Zeit und ihrer Erfindungen.
Mineralkakteen,
> Quecksilberne Eidechsen
Auf der stachelgespickten Ziegelmauer,
> Der Vogel,
Der den Luftraum durchlöchert,
> Durst, Überdruß, Staubwirbel:
Ungreifbare Epiphanien des Windes.
Die Föhren lehrten mich, einsam zu reden.
In jenem Garten lernte ich Abschied nehmen.

Danach gab's keine Gärten mehr.
> Eines Tages,
Als kehrte ich heim,
> Nicht ins Zuhause:

Al comienzo del Comienzo,
                      Llegué a una claridad
Ancha,
    Construida para los juegos pasionales
De la luz y el agua.
                Dispersiones, alianzas:
Del gorjeo del verde   Al azul más húmedo
            Al gris entre brasas
                      Al más llagado rosa
Al oro desenterrado
                    Al verde verde.
Esa noche me enfrenté al *nim*.
                Sobre sus hombros
El cielo con todas sus joyas bárbaras.
                    El calor
Era una mano inmensa que se cerraba.
                    Se oía
El jadeo de las raíces,
          La dilatación del espacio,
El desmoronamiento del año.
                  Con una máscara de polvo,
Armado de silencio,
          El árbol no cedía.
Era grande como el monumento de la paciencia.
Era justo como la balanza que pesa instantes y siglos.
Casa de las ardillas, mesón de los mirlos.
                    Cabían
En sus brazos muchas lunas.
           La fuerza
Es fidelidad,
      El poder es acatamiento:

Zum Anfang des ANFANGS,
>> Gelangte ich in eine weite
Klarheit,
>> Erbaut für die leidenschaftlichen Spiele
Des Lichts und des Wassers.
>> Mal ein Zerstieben, mal ein Verbünden:
Vom Zwitschern des Grüns >> Zum feuchtesten Blau
>> Zum Grau zwischen Gluten
>> >> Zum wundesten Rosa
Zum ergrabenen Gold
>> Zum grünen Grün.
Jene Nacht ließ mich dem *Nim* begegnen.
>> Über seinen Schultern
Der Himmel mit all seinem Barbarengeschmeide.
>> Die Hitze
War eine ungeheure Hand, die sich schloß.
>> Man hörte
Das Ächzen der Wurzeln,
>> Das Schwellen des Raumes,
Geriesel und Einsturz des Jahres.
>> Mit einer Maske aus Staub,
Gewappnet mit Schweigen,
>> Beharrte der Baum.
Groß war er wie das Denkmal der Geduld.
Gerecht war er wie die Waage, die Augenblicke und
  Jahrhunderte wägt.
Haus der Eichhörnchen, Herberge der Amseln.
>> In seinen Armen
War Platz für viele Monde.
>> Die Kraft
Ist Verläßlichkeit.
>> Die Macht ist Ehrfurcht.

Nadie acaba en sí mismo:
                       Un todo cada uno
En otro todo,
        En otro uno:
                Constelaciones.
El enorme *nim* sabía su pequeñez.
                              A sus pies
Supe que estaba vivo,
                Supe que morir es ensancharse,
Negarse es crecer.
              Entre gula y soberbia,
Codicia de vida
            O fascinación por la muerte,
La vía de enmedio.
                En la fraternidad de los árboles
Aprendí a reconciliarme,
                No conmigo:
Con lo que me levanta y me sostiene y me deja caer.

Me crucé con una muchacha.
                    El pacto
Del sol del verano y el sol del otoño:
                              Sus ojos.
Partidaria de acróbatas, astrónomos, camelleros.
Yo de fareros, lógicos, sadhúes.
Nuestros cuerpos se hablaron, se juntaron y se fueron.
Nosotros nos fuimos con ellos.
                        Era el monzón.
Cielos de yerba machacada
                  Y el viento en armas
En todas las encrucijadas.
                Por la niña del cuento,

Niemand hört in sich selber auf:
       Ein Ganzes jeder Einzelne
In einem anderen Ganzen,
     In einem anderen Einzelnen:
         Konstellationen.
Der riesige *Nim* wußte seine Kleinheit.
         Zu seinen Füßen
Erfuhr ich, daß ich lebendig war,
      Daß Sterben sich erweitern heißt,
Selbstverneinung ein Wachsen ist.
     Zwischen Gefräßigkeit und Hochmut,
Lebensgier
   Oder Todessehnsucht,
Der Mittelweg.
    In der Bruderschaft der Bäume
Lernte ich, mich zu versöhnen.
        Nicht mit mir selbst:
Mit dem, was mich erhebt und mich trägt und mich fallen läßt.

Einem Mädchen lief ich über den Weg.
         Das Bündnis
der Sommersonne mit der Sonne des Herbstes:
          Ihre Augen.
Sie: Gefährtin von Akrobaten, Astronomen, Kamelreitern.
Ich: Genosse von Leuchtturmwärtern, Logikern, Sadhus.
Unsere Körper redeten miteinander, verbanden sich und
 entschwanden.
Wir entschwanden mit ihnen.
        Es herrschte Monsun.
Himmel von zerstampftem Heu,
        Und der Wind bewaffnet
An allen Kreuzungen.
      Wegen des Mädchens im Märchen,

Marinera de un estanque en borrasca,
                              La llamé Almendrita.
No un nombre:
            Un velero intrépido.
Llovía,
      La tierra se vestía y así se desnudaba,
Las serpientes salían de sus hoyos,
                              La luna
Era de agua,
            El cielo se destrenzaba,
                              Sus trenzas
Eran ríos desatados,
                  Los ríos tragaban pueblos,
Muerte y vida se confundían,
                          Amasijo de lodo y sol,
Estación de lujuria y pestilencia,
                              Estación del rayo
Sobre el árbol de sándalo,
                        Tronchados astros genitales
Pudriéndose
          Resucitando
                    En tu vagina,
                              Madre India,
India niña
        Empapada de savia, semen, jugos venenosos.
A la casa le brotaron escamas.
                            Almendrita:
Llama intacta entre el culebreo y el ventarrón,
En la noche de hojas de banano
                            Ascua verde,

Der Seefahrerin auf sturmgepeitschtem Weiher,
\qquad Nannte ich sie Almendrita.
Kein Name:
\qquad Ein unerschrockener Segler.
Es regnete,
\qquad Die Erde bedeckte sich und enthüllte sich.
Die Schlangen krochen aus ihren Löchern,
\qquad Der Mond
War aus Wasser,
\qquad Der Himmel löste seine Flechten.
\qquad\qquad Die Zöpfe
Waren entfesselte Flüsse,
\qquad Und die Flüsse verschlangen Dörfer,
Tod und Leben vermengten sich,
\qquad Mischmasch von Dreck und Sonne,
Saison der prunkenden Lust und der Pestilenz,
\qquad\qquad Des Blitzes
Überm Sandelbaum,
\qquad Umgeknickte Geschlechtssterne,
Verfaulend,
\qquad Neu zum Leben erwachend,
\qquad\qquad In deiner Vagina,
\qquad\qquad\qquad Mutter Indien.
Indien-Mädchen,
Durchnäßt von Pflanzenseim, Samenfluß, giftigen Säften.
Dem Haus ist eine Schuppenhaut gewachsen.
\qquad\qquad\qquad Almendrita:
Unversehrte Flamme zwischen Viperngeschlängel und
\qquad Wirbelsturm,
In der Nacht der Bananenblätter
\qquad\qquad Grüne Glut,

Hamadríada,
>	*Yakshi:*
>>		Risas en el matorral,
Manojo de albores en la espesura,
>>			Más música
Que cuerpo,
>	Más fuga de pájaro
Que música,
>	Más mujer que pájaro:
>>		Sol tu vientre,
Sol en el agua,
>	Agua de sol en la jarra,
Grano de girasol que yo planté en mi pecho,
>>		Agata
Leonada,
>	Mazorca de llamas en el jardín de huesos.

Chuang Tseu le pidió al cielo sus luminarias,
Sus címbalos al viento,
>	Para sus funerales.
Nosotros le pedimos al *nim* que nos casara.
Un jardín no es un lugar:
>	Es un tránsito,
Una pasión:
>	No sabemos hacia donde vamos,
Transcurrir es suficiente,
>	Transcurrir es quedarse.
Una vertiginosa inmovilidad.
>	Estaciones
Como la sucesión de grandes reyes,
>	Cada invierno

Baumnymphe,
> *Yakshi:*
>> Lachen im Gebüsch,
Ein Bündel Morgenlichter im Dickicht,
>> Mehr Musik
Als Körper,
> Mehr Vogelflucht
Als Musik,
> Mehr Weib als Vogel:
>> Sonne dein Leib,
Sonne im Wasser,
> Sonnenwasser im Tonkrug,
Sonnenblumenkern, den ich in meine Brust pflanzte,
Löwenblonder Achat,
> Maiskolben aus Flammen im Garten der Gebeine.

Dschuang Dsi bat den Himmel um die Lichter,
Den Wind um die Zimbeln
> Für seine Begräbnisfeier.
Wir bitten den *Nim*, uns zu vermählen.
Ein Garten ist kein Ort:
> Ein Übergang ist es,
Leidenschaft, Passion:
> Wir wissen nicht, wohin wir gehen,
Verstreichen ist genug,
> Verstreichen ist Bleiben.
Eine schwindelerregende Reglosigkeit.
> Jahreszeiten
Wie die Thronfolge großer Könige,
> Jeder Winter

Alta terraza sobre el año tendido.
                         Luz bien templada,
Resonancias, transparencias,
                    Esculturas de aire
Disipadas apenas pronunciadas,
                    ¡Sílabas,
Islas afortunadas!
               Engastado en la yerba,
El gato Demóstenes
                    Es un carbón luminoso.
La gata Semíramis persigue quimeras,
                                   Acecha
Reflejos, sombras, ecos.
                    Arriba:
Sarcasmos de cuervos,
               El urogallo y su hembra:
Taciturnos príncipes desterrados,
                         La upupa:
Pico y penacho un alfiler engalanado,
La verde artillería de los pericos fulgurantes,
La inmovilidad del milano
                    Negro
En el cielo sin escollos.
               Ahora,
Quieto
      Sobre la arista de una ola,
Instantáneo peñasco de espuma que se dispersa:
Un albatros.
          No estamos lejos de Durban.
(Allí estudió Pessoa.)
               Cruzamos un petrolero.

Eine Terrasse, hoch überm ausgebreiteten Jahr.
  Wohltemperiertes Licht,
Widerklänge, transparente Bilder,
                    Skulpturen aus Luft,
Verweht, kaum daß sie ausgesprochen,
                    Silben,
Glückselige Inseln!
           Eingeschmiegt ins Gras,
Ist Kater Demosthenes
           Eine leuchtende Kohle.
Die Katze Semiramis verfolgt Chimären,
                    Belauert
Lichtreflexe, Schatten, Echos.
           Oben:
Hohn und Spott von Krähen,
           Der Auerhahn und sein Weibchen:
Schweigsame Fürsten in der Verbannung,
                    Der Wiedehopf:
Schnabel und Federbusch, eine schmucke Anstecknadel,
Die grüne Artillerie der blitzenden Perico-Papageien,
Die Reglosigkeit des Milans,
                    Schwarz
Im Himmel ohne Klippen.
                    Jetzt,
Gelassen
     Auf dem Kamm einer Woge,
Auf dem Augenblicksfelsen aus Gischt, der zersprüht:
Ein Albatros.
           Wir sind nicht weit von Durban.
(Dort studierte Pessoa.)
                    Ein Tanker kreuzt unsere Bahn,

Iba a Mombasa,
>   Ese puerto con nombre de fruta.
(En mi sangre otros nombres,
>   Asamblea de estelas:
Camoens, Vasco de Gama y los otros.)
El jardín se ha quedado atrás.
>   ¿Atrás o adelante?
No hay más jardines que los que llevamos dentro.
¿Qué nos espera en la otra orilla?
>   Pasión es tránsito:
La otra orilla está aquí,
>   Luz en el aire sin orillas:
Prajñaparamita,
>   Nuestra Señora de la Otra Orilla,
Tú misma,
>   La muchacha del cuento,
>   La alumna del jardín.
Olvidé a Nagarjuna y Dharmakirti
>   En tus pechos,
En tu grito los encontré:
>   *Maithuna*,
>   Dos en uno,
Uno en todo,
>   Todo en nada,
>   ¡*Sunyata*,
Plenitud vacía,
>   Vacuidad redonda como tu grupa!

Sombras girando,
Sobre un charco de luz.
Mergos y ¿peces?

Unterwegs nach Mombasa,
                Dem Hafen, benannt wie eine Frucht.
(In meinem Blut treiben andere Namen,
                        Versammelte Kielspuren:
Camoens, Vasco da Gama und die übrigen.)
Der Garten liegt hinter uns.
                    Hinter oder vor uns?
Es gibt keine Gärten außer denen, die wir in uns tragen.
Was erwartet uns am anderen Ufer?
                    Leidenschaft ist Überfahrt:
Das andere Ufer ist hier,
                Licht in der uferlosen Luft:
Prajñaparamita,
            Unsere Herrin vom Anderen Ufer,
Du selbst,
        Das Mädchen aus dem Märchen,
                Die Schülerin des Gartens.
Ich vergaß Nagarjuna und Dharmakirti
                        An deinen Brüsten,
In deinem Schrei habe ich sie gefunden:
                      Maithuna,
                          zwei in einem,
Eines in allem,
        Alles in nichts,
                Sunyata,
Leere Fülle,
        Eine Leere, so rund wie deine Kruppe!

    Schatten, kreisend.
    Über einer Lache von Licht.
    Kormorane und – Fische?

Hélice de diecisiete sílabas
                        Dibujada en el mar
No por Basho:
              Por mis ojos, el sol y los pájaros,
Hoy,
    A eso de las cuatro,
                    A la altura de Mauritania.
Una ola estalla:
            Mariposas de sal:
                        Desvanecimientos.
Metamorfosis de lo idéntico.
                        A esta misma hora
Delhi y sus piedras rojas,
              Su río oscuro,
Sus domos blancos,
            Sus siglos en añicos,
Se transfigura:
            Arquitecturas sin peso,
                        Cristalizaciones
Casi mentales,
          Altos vértigos sobre un espejo:
                            Espiral
De transparencias.
        Se abisma
El jardín en una identidad
                Sin nombre
Ni sustancia.
         Los signos se borran: yo miro la claridad.

Propeller aus Haiku-Silben,
>	Aufs Meer gemalt,
Nicht von Bashô:
>	Von meinen Augen, der Sonne und den Vögeln,
Heute,
>	Um vier Uhr,
>		Auf der Höhe von Mauretanien.
Eine Welle birst:
>	Schmetterlinge aus Salz:
>		Verflüchtigungen.
Metamorphose des Identischen.
>		Zu dieser selben Stunde
Delhi mit seinen roten Steinen,
>		Seinem dunklen Fluß,
Seinen weißen Kuppeln,
>	Seinen zerbröckelten Jahrhunderten,
Verwandelt sich:
>	Architekturen ohne Schwere,
>			Kristallisationen,
Fast geistig,
>	Höhentaumel über einem Spiegel:
>			Spirale
Durchsichtiger Erscheinungen.
>		Der Garten
Versinkt in einer Identität
>	Ohne Namen
Und ohne Substanz.
>	Die Zeichen verwischen sich: ich schaue die Klarheit.

Por la calle de Galeana

A Ramón Xirau

Golpean martillos allá arriba
   voces pulverizadas
Desde la punta de la tarde bajan
   verticalmente los albañiles

Estamos entre azul y buenas noches
   aquí comienzan los baldíos
Un charco anémico de pronto llamea
   la sombra de un colibrí lo incendia

Al llegar a las primeras casas
   el verano se oxida
Alguien ha cerrado la puerta alguien
   habla con su sombra

Pardea ya no hay nadie en la calle
   ni siquiera este perro
asustado de andar solo por ella
   Da miedo cerrar los ojos

Durch die Calle de Galeana

Für Ramón Xirau

Hämmer schlagen da droben
 pulverisierte Stimmen
Von der Spitze des Abends steigen
 senkrecht die Maurer herunter

Wir sind zwischen Bläue und Gute Nacht
 hier beginnt das Ödland
Eine anämische Pfütze flammt plötzlich auf
 der Schatten eines Kolibris steckt sie in Brand

Kaum nähert er sich den ersten Häusern
 rostet der Sommer
Jemand hat die Tür geschlossen jemand
 redet mit seinem Schatten

Es dunkelt niemand ist noch auf der Straße
 nicht einmal dieser Hund
der Angst hat allein hindurchzulaufen
 Man wagt nicht die Augen zu schließen

PAISAJE INMEMORIAL

A José de la Colina

Se mece aérea
              se desliza
entre ramas troncos postes
revolotea
       perezosa
entre los altos frutos eléctricos
cae
   oblicua
         ya azul
sobre la otra nieve

            Hecha
de la misma inmateria que la sombra
no arroja sombra alguna
                Tiene
la densidad del silencio
                 La nieve
es nieve pero quema

            Los faros
perforan súbitos túneles
                al instante
desmoronados
          La noche
acribillada
      crece se adentra
se ennochece
         Pasan

URLANDSCHAFT

Für José de la Colina

Luftig schaukelt er
              rieselt herab
zwischen Zweigen Stämmen Masten
umflattert
       träge
die Elektrofrüchte droben
fällt
   schräg
        schon blau
auf den anderen Schnee

              Gebildet
aus demselben Unstoff wie der Schatten
wirft er keinerlei Schatten
              Er hat
die Dichte der Stille
            Der Schnee
ist Schnee doch er brennt

            Die Scheinwerfer
bohren jähe Tunnels
           in den Augenblick
denen Einsturz droht
           Die Nacht
durchlöchert
       wächst vertieft sich
nachtet sich ein
          Vorüber ziehen

```
los autos obstinados
                todos
por distintas direcciones
hacia el mismo destino
                Un día
en los tallos de hierro
estallarán las lámparas
                Un día
el mugido del río de motores
ha de apagarse
        Un día
estas casas serán colinas
otra vez
        el viento entre las piedras
hablará a solas
                Oblicua
entre los sombras
                insombra
ha de caer
        casi azul
sobre la tierra
                La misma de ahora
la nieve de hace un millón de años
```

die starrsinnigen Autos
      alle
in verschiedene Richtungen
demselben Schicksal entgegen
        Eines Tages
werden auf den eisernen Stengeln
die Lampen bersten
    Eines Tages
muß das Rauschen des Motorenflusses
verstummen
    Eines Tages
werden diese Häuser Hügel sein
wieder
  wird der Wind zwischen den Steinen
allein mit sich selber reden
      Schräg
wird zwischen den Schatten
        Nicht-Schatten
fallen
  fast blau
auf die Erde
    Derselbe wie jetzt
der Schnee von vor Jahrmillionen

TROWBRIDGE STREET

1
El sol dentro del día
                        El frío dentro del sol
Calles sin nadie
            autos parados
Todavía no hay nieve
                    hay viento viento
Arde todavía
           en el aire helado
un arbolito rojo
Hablo con él al hablar contigo

2
Estoy en un cuarto abandonado del lenguaje
Tú estás en otro cuarto idéntico
O los dos estamos
en una calle que tu mirada ha despoblado
El mundo
imperceptiblemente se deshace
                            Memoria
desmoronada bajo nuestros pasos
Estoy parado a la mitad de esta línea
no escrita

3
Las puertas se abren y cierran solas
                            El aire
entra y sale por nuestra casa
                        El aire

TROWBRIDGE STREET

1
Die Sonne inmitten des Tages
                         Die Kälte inmitten der Sonne
Straßen ohne irgendwen
               stehende Autos
Noch gibt's keinen Schnee
                     Wind gibt's Wind
Noch brennt
        in der eisigen Luft
ein rotes Bäumchen
Ich rede mit ihm indem ich rede mit dir

2
Ich bin in einem Zimmer verlassen von der Sprache
Du bist in einem anderen Zimmer genau dem selben
Oder wir zwei sind
in einer Straße die dein Blick entvölkert hat
Unmerklich
zersetzt sich die Welt
               Erinnerung
zerbröckelnd unter unseren Schritten
Ich stocke in der Mitte dieser Zeile
der nicht geschriebenen

3
Die Türen öffnen und schließen sich von selber
                             Die Luft
geht ein und aus in unserem Haus
                     Die Luft

habla a solas al hablar contigo
                          El aire
sin nombre por el pasillo interminable
No se sabe quien está del otro lado
                          El aire
da vueltas y vueltas por mi cráneo vacío
                          El aire
vuelve aire todo lo que toca
                    El aire
con dedos de aire disipa lo que digo
Soy aire que no miras
No puedo abrir tus ojos
                            No puedo cerrar la puerta
El aire se ha vuelto sólido

4
Esta hora tiene la forma de una pausa
La pausa tiene tu forma
Tú tienes la forma de una fuente
no de agua sino de tiempo
En lo alto del chorro de la fuente
saltan mis pedazos
el fuí el soy el no soy todavía
Mi vida no pesa
                El pasado se adelgaza
El futuro es un poco de agua en tus ojos

redet mit sich selber indem sie redet mit dir
                              Die Luft
ohne Namen im endlosen Gang
Man weiß nicht wer auf der anderen Seite ist
                              Die Luft
dreht sich und dreht sich in meinem leeren Schädel
                              Die Luft
verdreht alles zu Luft was sie berührt
                    Die Luft
mit Fingern aus Luft zerstreut was ich sage
Ich bin Luft die du nicht anschaust
Ich kann deine Augen nicht öffnen
                    Ich kann die Tür nicht schließen
Die Luft ist fest geworden

4
Die Stunde hat die Gestalt einer Pause
Die Pause hat deine Gestalt
Du hast die Gestalt einer Quelle
nicht von Wasser sondern von Zeit
Droben auf dem Springstrahl der Quelle
hüpfen die Bruchstücke von mir
das Ich-war das Ich-bin das Ich-bin-noch-nicht
Mein Leben hat kein Gewicht
                    Die Vergangenheit verdünnt sich
Die Zukunft ist ein bißchen Wasser in deinen Augen

5
Ahora tienes la forma de un puente
Bajo tus arcos navega nuestro cuarto
Desde tu pretil nos vemos pasar
Ondeas en el viento más luz que cuerpo
En la otra orilla el sol crece
                      al revés
Sus raíces se entierran en el cielo
Podríamos ocultarnos en su follaje
Con sus ramas prendemos una hoguera
El día es habitable

6
El frío ha inmovilizado al mundo
El espacio es de vidrio
                      El vidrio es de aire
Los ruidos más leves erigen
súbitas esculturas
El eco las multiplica y las dispersa
Tal vez va a nevar
Tiembla el árbol encendido
Ya está rodeado de noche
Al hablar con él hablo contigo

5
Jetzt hast du die Gestalt einer Brücke
Unter deinen Bogen segelt unser Zimmer
Von deiner Brüstung aus sehen wir uns vorbeiziehn
Du wogst im Wind mehr Licht als Körper
Am anderen Ufer wächst die Sonne
        verkehrt
Ihre Wurzeln graben sich in den Himmel
Wir könnten uns verbergen in ihrem Laub
Aus ihren Ästen machen wir uns ein Lagerfeuer
Der Tag ist bewohnbar

6
Die Kälte hat die Welt erstarren lassen
Der Raum ist aus Glas
      Das Glas ist aus Luft
Die geringsten Geräusche errichten
jähe Skulpturen
Das Echo vervielfacht sie und zersprengt sie
Vielleicht wird es gleich schneien
Es zittert der brennende Baum
Schon ist er umringt von Nacht
Indem ich rede mit ihm rede ich mit dir

Nocturno de San Ildefonso

1
Inventa la noche en mi ventana
                              otra noche,
otro espacio:
         fiesta convulsa
en un metro cuadrado de negrura.
                              Momentáneas
confederaciones de fuego,
                    nómadas geometrías,
números errantes.
              Del amarillo al verde al rojo
se desovilla la espiral.
                 Ventana:
lámina imantada de llamadas y respuestas,
caligrafía de alto voltaje,
mentido cielo/infierno de la industria
sobre la piel cambiante del instante.

Signos-semillas:
               la noche los dispara,
suben,
     estallan allá arriba,
                        se precipitan,
ya quemados,
           en un cono de sombra,
                              reaparecen,
lumbres divagantes,
                 racimos de sílabas,

NACHTSTÜCK VON SAN ILDEFONSO

1
Die Nacht erfindet in meinem Fenster
                            eine andere Nacht,
einen anderen Raum:
           zuckendes Festgetümmel
auf einem Quadratmeter Schwärze.
                       Feurige
Augenblicksbündnisse,
                nomadische Geometrien,
streunende Zahlen.
                Vom Gelb zum Grün zum Rot
entrollt sich die Spirale.
                Fenster:
Folie, magnetisch geladen mit Anrufen und Antworten,
Hochspannungskalligraphie,
trügerisches Himmel/Hölle-Spiel der Industrie
auf der wandelhaften Haut des Augenblicks.

Zeichen-Samen:
                die Nacht schleudert sie aus,
sie steigen empor,
                bersten da droben,
                            stürzen ab,
schon verbrannt,
            in einen Schattenkegel,
                            tauchen wieder auf,
ein Funkengestöber,
                Silbentrauben,

incendios giratorios,
                    se dispersan,
                                  otra vez añicos.
La ciudad los inventa y los anula.

Estoy a la entrada de un túnel.
Estas frases perforan el tiempo.
Tal vez yo soy ese que espera al final del túnel.
Hablo con los ojos cerrados.
                            Alguien
ha plantado en mis párpados
un bosque de agujas magnéticas,
                                alguien
guía la hilera de estas palabras.
                            La página
se ha vuelto un hormiguero.
                          El vacío
se estableció en la boca de mi estómago.
                                      Caigo
interminablemente sobre ese vacío.
                                  Caigo sin cáer.
Tengo las manos frías,
                los pies fríos
— pero los alfabetos arden, arden.
                              El espacio
se hace y se deshace.
                      La noche insiste,
la noche palpa mi frente,
                          palpa mis pensamientos.
¿Qué quiere?

kreisende Brände,
            stieben auseinander,
                          aufs neue zersplittert.
Die Stadt erfindet und tilgt sie.

Ich bin am Eingang eines Tunnels.
Diese Sätze durchlöchern die Zeit.
Vielleicht bin ich der, welcher wartet am Ende des Tunnels.
Ich spreche mit geschlossenen Augen.
                        Jemand
hat auf meinen Lidern
einen Wald von Magnetnadeln gepflanzt,
                        jemand
lenkt die Reihe dieser Wörter.
                    Die Seite
ist ein Ameisenhaufen geworden.
                    Die Leere
hat sich niedergelassen im Mund meines Magens.
                                    Ich falle
unaufhörlich in diese Leere.
                        Ich falle, ohne zu fallen.
Mich friert an den Händen,
                friert an den Füßen
– aber die Alphabete glühen, glühen.
                      Der Raum
entsteht und vergeht.
            Die Nacht beharrt,
die Nacht befühlt meine Stirn,
                      befühlt meine Gedanken.
Was will sie?

2

Calles vacías, luces tuertas.
>>En una esquina,
el espectro de un perro.
>>Busca, en la basura,
Un hueso fantasma.
>>Gallera alborotada:
patio de vecindad y su mitote.
>>México, hacia 1931.
Gorriones callejeros,
>>una bandada de niños
con los periódicos que no vendieron
>>hace un nido.
Los faroles inventan,
>>en la soledumbre,
charcos irreales de luz amarillenta.
>>Apariciones,
el tiempo se abre:
>>un taconeo lúgubre, lascivo:
bajo un *cielo de hollín*
>>*la llamarada de una falda.*
C'est la mort – ou la morte . . .
>>El viento indiferente
arranca en las paredes anuncios lacerados.

A esta hora
>>los muros rojos de San Ildefonso
son negros y respiran:
>>sol hecho tiempo,
tiempo hecho piedra,
>>piedra hecha cuerpo.
Estas calles fueron canales.

2

Leere Straßen, trübe Lichter.
>	An einer Ecke
die Spukgestalt eines Hundes.
>	Er sucht, im Kehricht,
nach einem Gespensterknochen.
>	Tumult im Hahnenstall:
ein Miethaus-Patio mit seinem Krawall.
>	Mexiko, um 1931.
Gassenspatzen,
>	ein Schwarm von Kindern
macht aus den Zeitungen, den nicht verkauften,
>	ein Nest.
Die Straßenlaternen erfinden,
>	in der Ödnis,
unwirkliche Pfützen aus fahlgelbem Licht.
>	Erscheinungen,
die Zeit tut sich auf:
>	ein Hackenstampfen, traurig, triebhaft:
unter einem *rußigen Himmel*
>	*das Flackerfeuer eines Frauenrocks.*
C'est la mort – ou la morte ...
>	Der gleichgültige Wind
reißt zerschlissene Plakate von den Hauswänden ab.

Um diese Stunde
>	sind die roten Mauern von San Ildefonso
schwarz und atmen:
>	Sonne, zu Zeit geworden,
Zeit, zu Stein geworden,
>	Stein, zu Körper geworden.
Diese Straßen waren Kanäle.

                    Al sol,
las casas eran plata:
                    ciudad de cal y canto,
luna caída en el lago.
                    Los criollos levantaron,
sobre el canal cegado y el ídolo enterrado,
otra ciudad
          – no blanca: rosa y oro –
idea vuelta espacio, número tangible.
                              La asentaron
en el cruce de las ocho direcciones,
                              sus puertas
a lo invisible abiertas:
                    el cielo y el infierno.

Barrio dormido.
                    Andamos por galerías de ecos,
entre imágenes rotas:
                    nuestra historia.
Callada nación de las piedras.
                         Iglesias,
vegetación de cúpulas,
                    sus fachadas
petrificados jardines de símbolos.
                              Embarrancados
en la proliferación rencorosa de casas enanas,
palacios humillados,
                    fuentes sin agua,
afrentados frontispicios.
                    Cúmulos,
madréporas insubstanciales:
                         se acumulan

                    In der Sonne
waren Silber die Häuser:
                    eine Stadt, festlich und festgefügt,
Mond, in den See gefallen.
                    Die Kreolen errichteten
über dem erblindeten Kanal und dem verschütteten Idol
eine andere Stadt
            – nicht weiß: Rose und Gold –
Idee, in Raum verwandelt, berührbare Zahl.
                                        Sie erbauten sie
am Schnittpunkt der acht Himmelsrichtungen,
                                ihre Tore
offen zum Unsichtbaren:
                    zum Himmel und zur Hölle.

Schlummerndes Viertel.
        Wir schreiten durch Galerien voller Widerhall
zwischen zerstörten Bildern:
                    unsere Geschichte.
Verschwiegene Nation der Steine.
                        Kirchen,
Vegetation von Kuppeln,
                ihre Fassaden
versteinerte Gärten aus Symbolen.
                        Steckengeblieben
in der wütenden Wucherung zwergiger Häuser,
gedemütigte Paläste,
                Brunnen ohne Wasser,
beschämte Schaugiebel.
                    Wolkengipfel,
entstofflichte Sternkorallen:
                    sie gipfeln sich auf

sobre las graves moles,
                    vencidas
no por la pesadumbre de los años,
por el oprobio del presente.

                    Plaza del Zócalo,
vasta como firmamento:
                    espacio diáfano,
frontón de ecos.
            Allí inventamos,
entre Aliocha K. y Julián S.,
                    sinos de relámpago
cara al siglo y sus camarillas.
                    Nos arrastra
el viento del pensamiento,
                    el viento verbal,
el viento que juega con espejos,
                    señor de reflejos,
constructor de ciudades de aire,
                    geometrías
suspendidas del hilo de la razón.

                    Gusanos gigantes:
amarillos tranvías apagados.
                    Eses y zetas:
un auto loco, insecto de ojos malignos.
                    Ideas,
frutos al alcance de la mano.
                    Frutos: astros.
                            Arden.
Arde, árbol de pólvora,
            el diálogo adolescente,

über den schweren Massen,
\
		niedergedrückt
nicht durch die Last der Jahre,
durch die Schmach des Geschehens von heute.

		Plaza del Zócalo,
weit wie ein Himmelsgewölb:
		lichtdurchfluteter Raum,
Prallwände für den Echoball.
		Da heckten wir,
mit Aliocha K. und Julián S.,
		Blitz- und Donnerschläge aus
gegen das Jahrhundert und seine Schranzencliquen.
		Hingerissen
vom Wind des Gedankens,
		vom Wind der Wörter,
vom Wind, der mit Spiegeln spielt,
		Glanz und Widerglanz befiehlt,
Konstrukteur von Luftstädten,
		Geometrien,
die in der Schwebe hängen am Faden der Vernunft.

		Riesenwürmer:
gelbe, erloschene Straßenbahnen.
		S-Schleifen, Z-Kurven:
ein irres Auto, Insekt mit boshaften Augen.
		Ideen,
Früchte, mit Händen zu greifen.
		Früchte: Gestirne.
		Sie brennen.
Es brennt, ein Raketenbaum, der Jünglingsdialog,

súbito armazón chamuscado.
                    12 veces
golpea el puño de bronce de las torres.
                              La noche
estalla en pedazos,
                    los junta luego y a si misma,
intacta, se une.
              Nos dispersamos,
no allá en la plaza con sus trenes quemados,
                                        aquí,
sobre esta página: letras petrificadas.

3
El muchacho que camina por este poema,
entre San Ildefonso y el Zócalo,
es el hombre que lo escribe:
                         esta página
también es una caminata nocturna.
                            Aquí encarnan
los espectros amigos,
                 las ideas se disipan.
El bien, quisimos el bien:
                       enderezar al mundo.
No nos faltó entereza:
                  nos faltó humildad.
Lo que quisimos no lo quisimos con inocencia.
Preceptos y conceptos,
                    soberbia de teólogos:
golpear con la cruz,
                 fundar con sangre,
levantar la casa con ladrillos de crimen,
decretar la comunión obligatoria.

jählings entflammter Dachstuhl.
                              12mal
schlägt die Bronzefaust der Türme.
                              Die Nacht
zerspringt in Stücke,
                   fügt sie zusammen und vereint sie
mit sich selbst in Unversehrtheit.
                            Wir zerstreuen uns,
nicht dort auf der Plaza mit den ausgebrannten Trams, hier,
auf dieser Seite: versteinerte Buchstaben.

3
Der junge Bursche, der durch dieses Gedicht geht,
zwischen San Ildefonso und dem Zócalo,
ist der Mann, der dies schreibt:
                        diese Seite
ist auch ein Gang durch die Nacht.
                             Hier werden Gestalt
die Freundesgespenster,
                  die Ideen zerstreuen sich.
Das Gute, wir wollten das Gute:
                        die Welt ins Lot bringen.
Es fehlte uns nicht an geradem Sinn:
                          uns fehlte die Demut.
Was wir wollten, wollten wir nicht mit Unschuld.
Rezepte und Konzepte:
                Hochmut von Theologen:
Dreinschlagen mit dem Kreuz,
                      Grund legen mit Blut,
das Haus errichten mit Verbrechensziegeln,
die Zwangskommunion dekretieren.

                         Algunos
se convirtieron en secretarios de los secretarios
del Secretario General del Infierno.
                              La rabia
se volvió filósofa,
                 su baba ha cubierto al planeta.
La razón descendió a la tierra,
tomó la forma del patíbulo
                         – y la adoran millones.
Enredo circular:
                todos hemos sido,
en el Gran Teatro del Inmundo,
jueces, verdugos, víctimas, testigos,
                                    todos
hemos levantado falso testimonio
                              contra los otros
y contra nosotros mismos.
                         Y lo más vil: fuímos
el público que aplaude o bosteza en su butaca.
La culpa que no se sabe culpa,
                         la inocencia,
fue la culpa mayor.
                  Cada año fue monte de huesos.

Conversiones, retractaciones, excomuniones,
reconciliaciones, apostasías, abjuraciones,
zig-zag de las demonolatrías y las androlatrías,
los embrujamientos y las desviaciones:
mi historia,
          ¿son las historias de un error?
La historia es el error.

                              Manche
wurden zu Sekretären der Sekretäre
des Generalsekretärs der Hölle.
                    Die blinde Wut
gab sich philosophisch,
                    ihr Geifer hat den Planeten bedeckt.
Die Vernunft stieg herab zur Erde,
nahm die Form des Galgens an
                    – und Millionen beten sie an.
Verstrickung ringsum:
                    wir alle waren
im Großen Drecktheater
Richter, Henker, Opfer, Zeugen,
                              wir alle
haben falsch Zeugnis geredet
                    wider die Nächsten
und wider uns selbst.
          Und das Gemeinste: wir waren
das Publikum, das klatschte oder gähnte im Sperrsitz.
Die Schuld, die sich nicht schuldig weiß,
                              die Unschuld
war die Hauptschuld.
          Jedes Jahr war ein Berg aus Gebeinen.

Bekehrungen, Widerrufungen, Exkommunizierungen,
Versöhnungen, Abspaltungen, Verleugnungsschwüre,
Zickzack der Dämonendienerei und Menschendienerei,
der Behexungen und Verirrungen:
meine Geschichte –
                    die Geschichten eines Irrtums?
Die Geschichte ist der Irrtum.

                    La verdad es aquello,
más allá de las fechas,
                    más acá de los nombres,
que la historia desdeña:
                    el cada día
– latido anónimo de todos,
                    latido
único de cada uno –,
                    el irrepetible
cada día idéntico a todos los días.
                              La verdad
es el fondo del tiempo sin historia.
                              El peso
del instante que no pesa:
                    unas piedras con sol,
vistas hace ya mucho y que hoy regresan,
piedras de tiempo que son también de piedra
bajo este sol de tiempo,
sol que viene de un día sin fecha,
                              sol
que ilumina estas palabras,
                    sol de palabras
que se apaga al nombrarlas.
                    Arden y se apagan
soles, palabras, piedras:
                    el instante los quema
sin quemarse.
          Oculto, inmóvil, intocable,
el presente – no sus presencias – está siempre.

Entre el hacer y el ver,
                    acción o contemplación,

                          Die Wahrheit ist das,
was jenseits der Daten ist,
                diesseits der Namen,
was die Geschichte mißachtet:
                  der Alltag
– anonymer Herzschlag von allen,
                        einzigartiger
Herzschlag von jedem einzelnen –,
                          der unwiederholbare
Jedertag, identisch mit allen Tagen.
                        Die Wahrheit
ist der Grund der Zeit ohne Geschichte.
                            Das Gewicht
des Augenblicks ohne die Last der Wichtigkeit:
                        ein paar besonnte Steine,
vor langer Zeit schon gesehen und heute wiederkehrend,
Steine aus Zeit, die auch aus Stein sind
unter dieser Sonne aus Zeit,
Sonne, die von einem undatierten Tag kommt,
                                        Sonne,
die diese Wörter erhellt,
                Sonne aus Wörtern,
die erlischt, indem man sie nennt.
                            Es glühen und erlöschen
Sonnen, Wörter, Steine:
                der Augenblick verbrennt sie,
ohne selbst zu verbrennen.
                        Verborgen, reglos, unberührbar,
ist die Gegenwart – nicht ihre Erscheinungen – immer.

Zwischen dem Tun und Schauen,
                        Aktion oder Kontemplation,

escogí el acto de palabras:
                    hacerlas, habitarlas,
dar ojos al lenguaje.
            La poesía no es la verdad:
es la resurrección de las presencias,
                        la história
transfigurada en la verdad del tiempo no fechado.
La poesía,
        como la historia, se hace;
                            la poesía,
como la verdad, se ve.
            La poesía:
                    encarnación
del sol-sobre-las-piedras en un nombre,
                            disolución
del nombre en un más allá de las piedras.

La poesía,
        puente colgante entre historia y verdad,
no es camino hacia esto o aquello:
                            es ver
la quietud en el movimiento,
                        el tránsito
en la quietud.
            La historia es el camino:
no va a ninguna parte,
                    todos lo caminamos,
la verdad es caminarlo.
                No vamos ni venimos:
estamos en las manos del tiempo.
                        La verdad:

wählte ich das Werk der Wörter:
         sie machen, bewohnen,
Augen geben der Sprache.
      Die Dichtung ist nicht die Wahrheit:
sie ist die Auferstehung der Erscheinungen,
            die Geschichte,
verwandelt in die Wahrheit der undatierten Zeit.
Die Dichtung,
    wie die Geschichte, wird gemacht:
           die Dichtung,
wie die Wahrheit, wird gesehen.
       Die Dichtung:
          Fleischwerdung
der Sonne-auf-den-Steinen in einem Namen,
            Auflösung
des Namens in einem Jenseits der Steine.

Die Dichtung,
  Hängebrücke zwischen Geschichte und Wahrheit,
ist nicht ein Weg zu dem oder jenem:
           sie ist Schauen
der Ruhe in der Bewegung,
       des Übergangs
in der Ruhe.
     Die Geschichte ist der Weg:
er führt nirgendwohin,
      wir alle beschreiten ihn,
die Wahrheit ist, ihn zu beschreiten.
       Wir gehen nicht, wir kommen nicht:
wir sind in den Händen der Zeit.
        Die Wahrheit:

sabernos,
        desde el origen,
                        suspendidos.
Fraternidad sobre el vacío.

4
Las ideas se disipan,
                quedan los espectros:
verdad de lo vivido y padecido.
Queda un sabor casí vacío:
                        el tiempo
– furor compartido –
                el tiempo
– olvido compartido –
                al fin transfigurado
en la memoria y sus encarnaciones.
                        Queda
el tiempo hecho cuerpo repartido: lenguaje.

En la ventana,
        simulacro guerrero,
                        se enciende y apaga
el cielo comercial de los anuncios.
                        Atrás,
apenas visibles,
        las constelaciones verdaderas.
Aparece,
        entre tinacos, antenas, azoteas,
columna líquida,
                más mental que corpórea,
cascada de silencio:
                la luna.

uns zu wissen,
> von Anfang an,
>> in der Schwebe,
Brüderlichkeit über der Leere.

4
Die Ideen zerstreuen sich,
> es bleiben die Gespenster:
Wahrheit des Gelebten und Erlittenen.
Es bleibt ein fast leerer Geschmack:
> die Zeit
– geteiltes Rasen –
> die Zeit
– geteiltes Vergessen –
> endlich verwandelt
in die Erinnerung und ihre Inkarnationen.
> Es bleibt
die Zeit, zum ausgeteilten Körper geworden: Sprache.

Im Fenster,
> kriegerisches Planspiel,
>> entflammt und erlischt
der Geschäftshimmel der Werbesprüche.
> Dahinter,
kaum sichtbar,
> die wirklichen Konstellationen.
Es erscheint,
> zwischen Fässern, Antennen, Dachterrassen,
eine flüssige Säule,
> mehr geistig als körperlich,
ein Wasserfall aus Stille:
> der Mond.

                    Ni fantasma ni idea:
fue diosa y es hoy claridad errante.

Mi mujer está dormida.
                    También es luna,
claridad que transcurre
                    – no entre escollos de nubes,
entre las peñas y las penas de los sueños:
también es alma.
                    Fluye bajo sus ojos cerrados,
desde su frente se despeña,
                    torrente silencioso,
hasta sus pies,
            en si misma se desploma
y de si misma brota,
                    sus latidos la esculpen,
se inventa al recorrerse,
                    se copia al inventarse,
entre las islas de sus pechos
                            es un brazo de mar,
su vientre es la laguna
                    donde se desvanecen
la sombra y sus vegetaciones,
                            fluye por su talle,
sube,
    desciende,
            en si misma se esparce,
                            se ata
a su fluir,
        se dispersa en su forma:
también es cuerpo.
                La verdad

                              Weder Spuk noch Idee:
Göttin einst, und heute streunende Helle.

Meine Frau ist eingeschlafen.
                     Sie ist auch Mond,
Helle, die herabrinnt,
               nicht zwischen Wolkenklippen,
zwischen Gestein und Pein der Träume:
sie ist auch Seele.
              Sie fließt unter ihren geschlossenen Augen,
stürzt herab von ihrer Stirn,
                      ein lautloser Sturzbach,
bis zu ihren Füßen,
              zerfällt in sich selbst,
entquillt aus sich selbst,
                 ihre Herzschläge meißeln die Gestalt,
sie erfindet sich, indem sie sich durchläuft,
              ahmt sich nach, indem sie sich erfindet
zwischen den Inseln ihrer Brüste
                      ist ein Meeresarm,
ihr Bauch ist die Lagune,
                  wo sich auflöst
das Dunkel mit seinem Dschungelwuchs,
                      sie fließt durch ihre Taille,
steigt auf,
      sinkt nieder,
              zerstreut sich in sich selbst,
                              bindet sich
an ihr Fließen,
        verzweigt sich in ihre Form:
sie ist auch Körper.
            Die Wahrheit

es el oleaje de una respiración
y las visiones que miran unos ojos cerrados:
palpable misterio de la persona.

La noche está a punto de desbordarse.
                              Clarea.
El horizonte se ha vuelto acuático.
                         Despeñarse
desde la altura de esta hora:
                    ¿morir
será caer o subir,
            una sensación o una cesación?
Cierro los ojos,
           oigo en mi cráneo
los pasos de mi sangre,
                  oigo
pasar el tiempo por mis sienes.
                          Todavía estoy vivo.
El cuarto se ha enarenado de luna.
                           Mujer:
fuente en la noche.
              Yo me fío a su fluír sosegado.

ist der Wellengang eines Atems,
die Gesichte, die zwei geschlossene Augen schauen:
tastbares Geheimnis der Person.

Die Nacht rinnt über den Rand.
                        Es tagt.
Der Horizont ist zur Wasserwelt geworden.
                                Sich hinabstürzen
von der Höhe dieser Stunde:
                    Sterben,
wird das ein Fallen oder Steigen sein,
                        ein Empfinden oder Schwinden?
Ich schließe die Augen,
                höre in meinem Schädel
die Schritte meines Blutes,
              höre
die Zeit durch meine Schläfen schreiten.
                         Noch bin ich lebendig.
Das Zimmer ist mit Mondsand bestreut.
                            Frau:
Quelle in der Nacht.
      Ich überlasse mich ihrem gelassenen Fließen.

Primero de Enero

Las Puertas del año se abren,
como las del lenguaje,
hacia lo desconocido.
Anoche me dijiste:
                mañana
habrá que trazar unos signos,
dibujar un paisaje, tejer una trama
sobre la doble página
del papel y del día.
Mañana habrá que inventar,
de nuevo,
la realidad de este mundo.

Ya tarde abrí los ojos.
Por el segundo de un segundo
sentí lo que el azteca,
acechando
desde el peñón del promontorio
por las rendijas de los horizontes
el incierto regreso del tiempo.

No, el año había regresado.
Llenaba todo el cuarto
y casi lo palpaban mis miradas.
El tiempo, sin nuestra ayuda,
había puesto
en un orden idéntico al de ayer,

1. JANUAR

Die Türen des Jahres öffnen sich,
wie die der Sprache,
dem Unbekannten entgegen.
Gestern abend sagtest du mir:
                Morgen
gilt es, ein paar Zeichen zu setzen,
eine Landschaft zu skizzieren, einen Plan zu entwerfen
auf der Doppelseite
des Papiers und des Tages.
Morgen gilt es,
aufs neue,
die Wirklichkeit dieser Welt zu erfinden.

Spät erst öffnete ich die Augen.
Im Bruchteil einer Sekunde
empfand ich dasselbe wie der Azteke,
der lauernd
auf der Felsklippe des Vorgebirges
aus den Spalten des Horizonts
die ungewisse Rückkehr der Zeit erwartet.

Nein, das Jahr war zurückgekehrt.
Es füllte das ganze Zimmer,
betastbar für meine Blicke.
Die Zeit hatte, ohne unsere Hilfe,
in der gleichen Ordnung,
wie sie auch gestern galt,

casas en la calle vacía,
nieve sobre las casas,
silencio sobre la nieve.

Tú estabas a mi lado,
aún dormida.
El día te había inventado
pero tú no aceptabas todavía
tu invención en este día.
Quizá tampoco la mía.
Tú estabas en otro día.

Estabas a mi lado
y yo te veía; como la nieve,
dormida entre las apariencias.
El tiempo, sin nuestra ayuda,
inventa casas, calles, árboles,
mujeres dormidas.

Cuando abras los ojos
caminaremos, de nuevo,
entre las horas y sus invenciones.
Caminaremos entre las apariencias,
daremos fe del tiempo y sus conjugaciones.
Abriremos acaso las puertas del día.
Entraremos entonces en lo desconocido.

Cambridge, Mass., a 1 de Enero de 1975

Häuser in die leere Straße gestellt,
Schnee gelegt auf die Häuser,
und Schweigen auf den Schnee.

Du warst an meiner Seite,
noch schlafend.
Der Tag hatte dich erfunden,
doch du nahmst noch nicht an
deine Erfindung an diesem Tag.
Vielleicht auch nicht die meine.
Du warst in einem anderen Tag.

Du warst an meiner Seite,
und ich sah dich, wie den Schnee,
schlafend zwischen den Erscheinungsbildern.
Die Zeit erfindet, ohne unsere Hilfe,
Häuser, Straßen, Bäume,
schlafende Frauen.

Wenn du die Augen öffnest,
werden wir uns erneut bewegen
zwischen den Stunden und ihren Erfindungen.
Werden uns bewegen zwischen den Erscheinungsbildern,
werden der Zeit vertrauen und ihren Verbindungen.
Vielleicht werden wir die Türen des Tages öffnen.
Dann werden wir das Unbekannte betreten.

Cambridge, Mass., 1. Januar 1975

PEQUEÑA VARIACIÓN
SOBRE UN TEMA CONOCIDO

Como una música resucitada
– ¿quien la despierta allá, del otro lado,
quien la conduce por las espirales
del oído mental? –,
como el desvanecido
momento que regresa
y es otra vez la misma
disipada inminencia,
sonaron sin sonar
las sílabas desenterradas:
y a la hora de nuestra muerte amén.

En la capilla del colegio
las dije muchas veces
sin convicción. Las oigo ahora
dichas por una voz sin labios,
rumor de arena que se desmorona,
mientras las horas doblan en mi cráneo
y el tiempo da otra vuelta hacia mi noche.
No soy el primer hombre
– me digo, a la Epicteto –
que va a morir sobre la tierra.
Y el mundo se desploma por mi sangre
al tiempo que lo digo.

                      El desconsuelo
de Gilgamesh cuando volvía

KLEINE VARIATION
ÜBER EIN BEKANNTES THEMA

Wie eine auferstehende Musik
– wer ist's, der sie erweckt aus jener Ferne,
wer geleitet sie her durch die Spiralen
des geistigen Gehörs? –,
wie der entschwundene
Moment, der wiederkehrt
als erneute und alte
verscheuchte Bedrohung,
so ertönten sie, tonlos,
die dem Dunkel entstiegenen Silben:
und in der Stunde unseres Todes, Amen.

Damals, im Andachtsraum der Schule,
sprach ich sie immer wieder,
teilnahmslos. Jetzt höre ich sie
ausgesprochen von einer Stimme
ohne Lippen, ein Rauschen von Sand, zerrinnend,
während die Stunden läuten in meinem Schädel
und die Zeit eine weitere Runde macht, meiner Nacht
    entgegen.
Ich bin doch nicht der erste Mensch
– sage ich mir, nach Epiktet –,
der zu sterben hat auf der Erde.
Und die Welt stürzt ein für mein Fleisch und Blut,
noch während ich es sage.

                    Die Verzagtheit
von Gilgamesch, als er zurückkam

del país sin crepúsculo:
mi desconsuelo. En nuestra tierra opaca
cada hombre es Adán:
                    con él comienza el mundo,
con él acaba.
          Entre el después y el antes,
paréntesis de piedra,
seré por un instante sin regreso
el primer hombre y seré el último.
Y al decirlo, el instante
– intangible, impalpable –
bajo mis pies se abre
y sobre mí se cierra, tiempo puro.

Cambridge, Mass., a 10 de Enero de 1976

aus dem Land ohne Dämmerung:
meine Verzagtheit ist's. Auf unsrer düstren
Erde ist jeder Adam:
                mit ihm beginnt die Welt,
mit ihm geht sie zu Ende.
                    Zwischen Danach und Vorher,
steinerne Parenthese,
werd' ich für einen Augenblick ohne Wiederkehr
der erste Mensch sein und der letzte.
Und indem ich es sage, tut sich der Augenblick
– unfaßbar, unberührbar –
unter den Füßen auf
und schließt sich über mir, lauter Zeit.

Cambridge, Mass., 10. Januar 1976

Un despertar

Dentro de un sueño estaba emparedado.
Sus muros no tenían consistencia
ni peso: su vacío era su peso.
Los muros eran horas y las horas
fija y acumulada pesadumbre:
el tiempo de esas horas no era tiempo.
Salté por una brecha: eran las cuatro
en este mundo. El cuarto era mi cuarto
y en cada cosa estaba mi fantasma.
Yo no estaba. Miré por la ventana:
bajo la luz eléctrica ni un alma.
Nieve ya sucia, casas apagadas,
postes, autos dormidos y el valiente
corro de robles, altos esqueletos.
Negra y blanca la noche; los dibujos
de las constelaciones ilegibles
sobre la noche; el viento y sus navajas.
Yo miraba, no al mundo, a su silencio:
el ser es reticente en su abundancia.
Con los ojos, sin comprender, miraba
en la calle sin nadie la presencia.
La presencia sin cuerpo. Con mis ojos.
Miré hacia dentro: el cuarto era mi cuarto
y yo no estaba. Al ser nada le falta.
El alba y sus confusas claridades:
ya las constelaciones se borraban.

Cambridge, Mass., a 26 de Diciembre de 1976

Ein Erwachen

Tief im Traum war ich eingemauert.
Die Wände drunten hatten weder Härte
noch Gewicht: nur die Leere dort war lastend.
Die Mauern waren Stunden, und die Stunden
eine erstarrte, aufgetürmte Schwere:
die Zeit in diesen Stunden war nicht Zeit.
Ich sprang durch eine Bresche: vier Uhr war es
auf dieser Welt. Das Zimmer war mein Zimmer,
und auf sämtlichen Dingen war mein Spukbild.
Ich war nicht da. Ich schaute aus dem Fenster:
Unterm Elektrolicht nicht eine Seele.
Schnee, der schon angeschmutzt, erloschne Häuser,
Masten, schlafende Autos und die tapfere
Schar von Eichbäumen, ragende Gerippe.
Schwarze und weiße Nacht; und die Konturen
der unlesbaren Sternbilder, erschimmernd
über der Nacht; der Wind und seine Messer.
Ich schaute, nicht die Welt, sondern ihr Schweigen:
Verhalten ist das Sein in seiner Fülle.
Mit den Augen, begrifflos staunend, sah ich
die Anwesenheit, da, auf leerer Straße.
Anwesend, körperlos. Mit meinen Augen.
Ich sah zurück: das Zimmer war mein Zimmer,
und ich war nicht darin. Nichts fehlt dem Sein.
Die Frühe und das Spiel der Dämmerlichter.
Schon verblaßten die Sternbildschwärme droben.

Cambridge, Mass., 26. Dezember 1976

La llama, el habla

En un poema leo:
conversar es divino.
Pero los dioses no hablan:
hacen, deshacen mundos
mientras los hombres hablan.
Los dioses, sin palabras,
juegan juegos terribles.

El espíritu baja
y desata las lenguas
pero no habla palabras:
habla lumbre. El lenguaje,
por el dios encendido,
es una profecía
de llamas y una torre
de humo y un desplome
de sílabas quemadas:
ceniza sin sentido.

La palabra del hombre
es hija de la muerte.
Hablamos porque somos
mortales: las palabras
no son signos, son años.
Al decir lo que dicen
los nombres que decimos
dicen tiempo: nos dicen.
Somos nombres del tiempo.

Die Flamme, die Rede

In einer Dichtung les' ich:
Worte wechseln ist göttlich.
Doch Götter reden nicht:
bauen, zerhauen Welten,
während die Menschen reden.
Die Götter, ohne Worte,
spielen schreckliche Spiele.

Der Geist läßt sich hernieder
und entfesselt die Zungen,
doch er spricht keine Worte,
er spricht Gluten. Die Sprache,
von dem Gotte entzündet,
sie ist eine Verheißung
aus Flammen und ein Turmbau
aus Rauch, ein Niederprasseln
feuerverzehrter Silben:
Aschenstaub ohne Sinn.

Das Wort des Menschen aber
ist die Tochter des Todes.
Wir reden, weil wir sterblich
uns wissen: unsre Worte
sind nicht Zeichen, sind Jahre.
Im Sagen, was die Namen
sagen, welche wir sagen,
sagen sie Zeit: uns selber.
Wir sind Namen der Zeit.

Mudos, también los muertos
pronuncian las palabras
que decimos los vivos.
El lenguaje es la casa
de todos en el flanco
del abismo colgada.
Conversar es humano.

Cambridge, a 18 de Enero de 1976

Verstummt, sprechen die Toten
dieselben Worte aus,
die wir Lebenden sagen.
Die Sprache ist die Wohnung
von allen, das Haus, hängend
an der Flanke des Abgrunds.
Worte wechseln ist menschlich.

Cambridge, 18. Januar 1976

ÍNDICE

AUS »LIBERTAD BAJO PALABRA« (1935-1958)

Allá, donde terminan las fronteras 6
Dos cuerpos 10
Vida entrevista 12
Nubes 14
Epitafio para un poeta 16
Agua nocturna 18
Visitas 20
Más allá del amor 22
El día abre la mano 26
Al alba 28
Fábula 30
Una mujer de movimientos de río 32
Cerro de la Estrella 34
A la española 36
Piedra nativa 38
Refranes 40
Piedras sueltas 42
Máscara de Tláloc grabada en cuarzo transparente 42
  Lo mismo 42
  Diosa olmeca 42
  Niño y trompo 42
En Uxmal 44
  Mediodía 44
  Más tarde 44
  Pleno sol 44
  Relieves 44
  Flor 46

INHALT

AUS »LIBERTAD BAJO PALABRA« (1935-1958)

Dort, wo die Grenzen enden 7
Zwei Körper 11
Geahntes Leben 13
Wolken 15
Grabschrift für einen Dichter 17
Nächtliches Wasser 19
Besuche 21
Jenseits der Liebe 23
Der Tag tut seine Hand auf 27
In der Frühe 29
Fabel 31
Eine Frau mit den Regungen eines Flusses 33
Cerro de la Estrella 35
Auf spanische Art 37
Einheimischer Stein 39
Sprichwörter 41
Einzelne Steine 43
  *Tlaloc-Maske, aus durchsichtigem Quarz
    geschliffen* 43
  Dasselbe 43
  Olmekische Göttin 43
  Kind und Kreisel 43
In Uxmal 45
  Mittag 45
  Später 45
  Mitten in der Sonne 45
  Reliefs 45

Dama 46
Campanas en la noche 46
Ante la puerta 46
Paisaje 46
Adiós a la casa 50
Seven P. M. 54
Elegía interrumpida 58
Virgen 64
El prisionero 70
Himno entre ruinas 78
Máscaras del alba 84
¿No hay salida? 90
El cántaro roto 98
Piedra de sol 110

AUS »SALAMANDRA« (1958-1961)

Madrugada 152
Aquí 154
Luis Cernuda 156
Certeza 162
Noche en claro 164
Garabato 176
Duración 178
Vaivén 182
Interior 186

AUS »LADERA ESTE« (1962-1968)

Golden Lotus 188
Felicidad en Hérat 190

Blume 47
Dame 47
Glocken in der Nacht 47
Vor der Tür 47
Landschaft 47
Abschied von Zuhause 51
Seven P. M. 55
Abgebrochene Elegie 59
Jungfrau 65
Der Gefangene 71
Hymne zwischen Ruinen 79
Masken der Frühe 85
Gibt's keinen Ausweg? 91
Zerbrochener Krug 99
Sonnenstein 111

AUS »SALAMANDRA« (1958-1961)

Tagesanbruch 153
Hier 155
Luis Cernuda 157
Gewißheit 163
Durchwachte Nacht 165
Gekritzel 177
Dauer 179
Hin und Her 183
Interieur 187

AUS »LADERA ESTE« (1962-1968)

Golden Lotus 189
Glück in Herat 191

Paso de Tanghi-Garu 196
Pueblo 198
La exclamación 200
Lo idéntico 202
Concorde 204
Pasaje 206
Cima y gravedad 208
Ejemplo 210
Domingo en la isla de Elefanta 212
   Imprecación 212
   Invocación 212
Cuento de dos jardines 216

AUS »VUELTA« (1969-1974)

Por la calle de Galeana 236
Paisaje inmemorial 238
Trowbridge Street 242
Nocturno de San Ildefonso 248

AUS BISHER UNVERÖFFENTLICHTEN MANUSKRIPTEN

Primero de Enero 272
Pequeña variación sobre un tema conocido 276
Un despertar 280
La llama, el habla 282

Paßweg von Tanghi-Garu 197
Dorf 199
Der Ausruf 201
Ein und dasselbe 203
Einmütig 205
Gang 207
Gipfel und Schwerkraft 209
Beispiel 211
Sonntag auf der Insel Elefanta 213
  Verwünschung 213
  Anrufung 213
Geschichte von zwei Gärten 217

AUS »VUELTA« (1969-1974)

Durch die Calle de Galeana 237
Urlandschaft 239
Trowbridge Street 243
Nachtstück von San Ildefonso 249

AUS BISHER UNVERÖFFENTLICHTEN MANUSKRIPTEN

1. Januar 273
Kleine Variation über ein bekanntes Thema 277
Ein Erwachen 281
Die Flamme, die Rede 283

Octavio Paz
im Suhrkamp Verlag

Die andere Stimme. Dichtung an der Jahrhundertwende. Aus dem Spanischen von Rudolf Wittkopf. Leinen

Die andere Zeit der Dichtung. Von der Romantik zur Avantgarde. Aus dem Spanischen von Rudolf Wittkopf. Leinen

Der Bogen und die Leier. Poetologischer Essay. Aus dem Spanischen von Rudolf Wittkopf. Leinen

Die doppelte Flamme Liebe und Erotik. Aus dem Spanischen von Rudolf Wittkopf. Leinen

Essays 2. Aus dem Spanischen von Carl Heupel und Rudolf Wittkopf. Leinen

Gedichte. Spanisch und deutsch. Übertragung von Fritz Vogelgsang. st 1832

In mir der Baum. Gedichte. Spanisch und deutsch. Übertragen von Rudolf Wittkopf. Leinen

Itinerarium. Kleine politische Autobiographie. Aus dem Spanischen von Rudolf Wittkopf. Bütten-Broschur

Das Labyrinth der Einsamkeit. Essay. Übersetzung und Einführung von Carl Heupel. BS 404

Lektüre und Kontemplation. Aus dem Spanischen von Thomas Brovot. Bütten-Broschur

Der menschenfreundliche Menschenfresser. Geschichte und Politik 1971-1980. Aus dem Spanischen von Rudolf Wittkopf und Carl Heupel. es 1064

Nackte Erscheinung. Das Werk von Marcel Duchamp. Aus dem Spanischen von Rudolf Wittkopf. st 1833

Sor Juana Inés de la Cruz oder Die Fallstricke des Glaubens. Aus dem Spanischen von Maria Bamberg. Versübertragungen von Fritz Vogelgsang. Mit zahlreichen Abbildungen. Leinen und st 2294

Suche nach einer Mitte. Die großen Gedichte. Spanisch und deutsch. Übersetzung Fritz Vogelgsang. Nachwort Pere Gimferrer. es 1008

Suche nach einer Mitte. Die großen Gedichte. es 3321

Verbindungen – Trennungen. Ein Essay. Aus dem Spanischen von Elke Wehr und Rudolf Wittkopf. Leinen

Vrindavan und andere Gedichte aus dem Osten. Aus dem Spanischen von Fritz Vogelgsang. Leinen

Zwiesprache. Essays zu Kunst und Literatur. Aus dem Spanischen von Elke Wehr und Rudolf Wittkopf. es 1290

Suhrkamp Verlag GmbH
Torstraße 44, 10119 Berlin
info@suhrkamp.de
www.suhrkamp.de